པདྨ་འབྱུང་གནས་ལ་ཕྱག་འཚལ་ལོ།

頂禮蓮花生大士

第 **壹** 部

蓮花生大士的傳奇

自序：遇見蓮花生大士 …011

總論：蓮花生信仰 …015

● 山西五台山 …028
● 不丹古杰寺 …031
● 印度措貝瑪 …035
● 尼泊爾瑪拉提卡 …038
● 印度菩提伽耶 …042
● 尼泊爾帕平揚列雪 …045
● 尼泊爾菩提泉 …048
● 尼泊爾滿願大佛塔 …051
● 不丹虎穴寺 …056
● 哲孟雄 …059

第貳部 大藏區蓮師聖地巡禮

第一章　西藏自治區

● 山南市　　　…074

　扎央宗　　　074

　青朴　　　　082

　桑耶寺　　　092

　耶謝措嘉魂湖　098

　雅隆玻璃岩洞　102

　達旺虎穴　　106

　聶瑪隆　　　113

　嘉桑曲沃日　119

● 日喀則市　　…124

　扎桑寺　　　124

　查絨布寺　　127

● 那曲地區　　…138

　天湖納木措　138

　魔鬼湖色林措　148

● 拉薩市　　　　　…152

　查耶巴　　　　　152

　雄巴拉曲　　　　160

● 林芝地區　　　　…164

　巴松措　　　　　164

● 阿里地區　　　　…168

　吉烏寺　　　　　168

　岡仁波齊神山　　172

　芝達布日寺　　　180

第二章　四川省甘孜藏族自治州

● 丹巴縣　　　　　…184

　三解脫門　　　　184

　墨爾多神山　　　192

● 甘孜縣　　　　　…202

　東廓神山　　　　202

● 白玉縣　　　　　…208

　吉祥尊勝菩提法洲　208

　宗學佛聚宮　　　215

　亞青鄔金禪林　　222

　噶陀金剛座　　　230

● 色達縣 　　　　　　　…237

　喇榮五明佛學院 　　　237

● 德格縣 　　　　　　　…244

　佐欽白瑪塘 　　　　　244

　協慶顯密興盛洲 　　　252

　榮美暖莫達倉 　　　　257

　蓮花水晶巖穴 　　　　263

第三章　青海省

● 玉樹藏族自治州 　　　…270

　乃加瑪神山 　　　　　270

　卡拉榮國神山 　　　　274

　尼瑪隆 　　　　　　　285

　獅子宗 　　　　　　　293

　讓扎宗疊峰 　　　　　298

● 海東藏族自治州 　　　…310

　丹斗雪扎 　　　　　　310

後記：如果我不在家，就是在朝聖的路上 　…318

附錄：朝聖交通指南 　　　　　　　　　…321

尼泊爾喜馬拉雅山區努日地區蓮師古壁畫。

遇見蓮花生大士

回想這些年來，自己與蓮花生大士、與寧瑪派的因緣，何等奇妙！

緣起二○○五年自助獨行大藏區兩個月，特別相應的寺廟都屬寧瑪派。接著在西藏遊學一年，因校方課程只排語文會話，我私下向一位藏學系教授學習藏文佛經，第一堂課便上〈蓮師七句祈請文〉，教授解釋因為西藏佛法由蓮師正式帶入，蓮師在西藏人心中有著崇高地位，想學藏文佛經就應該先讀這篇，最好背誦下來，經常持誦，必得蓮師加持。

二○○八年，因緣具足，我皈依上師堪布徹令多傑仁波切，成為寧瑪白玉傳承的一分子，隨上師引導，次第修學。

這些年來，年年入藏，走過不少蓮師伏藏聖地，法友隨喜後總無比羨慕。我對自己的福報充滿感恩，萬分珍惜，發願餘生要以一支拙筆為西藏、為藏民、為佛法盡一份心力！

二○一四年我動念寫一本《蓮師在西藏》，但念頭閃現後，有一絲猶豫伴隨。

首先，若依昔日西藏的範圍（即所謂的大藏區），那麼除了西藏自治區一百二十多萬平方公里面積外，還需包括青海、甘肅、四川和雲南等四省境內的藏族自治州，總面積高達二百五十萬平方公里，將近七十個台灣大。要在這樣廣大的幅員裡尋找蓮師聖地並非易事。

其次，經典和史籍記載蓮師走遍全藏區，加持各地成為聖地。所謂的藏區和各地都是籠統說法，沒有明確地名可考，即使在蓮師傳記裡提過一些地名，但時隔一千多

年，地名的變化也很難掌握。

這兩個因素讓我有點兒猶豫，但轉念一想，尋找蓮師聖地等同朝聖，藏傳佛教認為朝聖是一個積聚福德的重要方式，旅途的挫折與障礙都可成就修行。

加上我和蓮師特別相應，對蓮師信心強烈，就算是不可能的任務，我相信只要是為了利益眾生，蓮師一定會加持我！

上師曾無數次對我們開示，加持來自哪裡？加持要如何進入心中？答案都是信心！藏地流傳「狗牙佛牙」故事，如果信心強烈，依狗牙也能成佛。

於是我開始想方設法收集蓮師聖地資料，大量閱讀書籍，瀏覽網絡資訊，請教所有我認識的僧尼和藏族友人。點點滴滴累積，一步一步向前，只要知道地名和大略位置，毫不猶豫，背包一揹我就出發了。

西藏所謂閉關修行地的最大特色，在於遠離村落和人群，位置偏遠。這裡所謂的偏遠，和台灣偏遠山區的概念全然不同，請想像是身在海拔平均四千公尺的青藏高原上，以此為基礎後的「偏遠」。

幾乎都只能搭車到相當距離外，再靠兩條腿徒步，而光是要到達徒步起點也不容易，大多無公共交通工具前往，只能與藏民拼車，若無拼車就需包車。

過程中，遇到的每一位藏民都成為我收集資料的對象；而每當成功抵達一處蓮師聖地，那些在聖地閉關修行的僧尼和瑜伽行者，更是提供我有關其它蓮師聖地資料的最佳來源。

於是，像積木一塊塊建構，也像拼圖一片片拼湊，我將原本只是從書籍從網絡看到的文字；將原本只是從藏民口中聽來的地名，在親自拜訪過後，由抽象轉化為具體的切身經驗，所有的文字和地名都有了真實意義。

終於，我完成了大藏區五十多處蓮師聖地的朝聖。

本書介紹的蓮師聖地，全由我親自拜訪。當然，昔日蓮師曾踏遍藏區，所修行加持過的聖地數量絕對千萬倍於此，但因為有些已無法考證；有些在歲月流轉中已消失匿跡；有些隱密殊勝，因緣不具足時無法前往；有些雖傳言蓮師聖地但沒留下明顯遺跡……。種種因素限制下，最後只能呈現這三十六點（其餘納入第二冊）。

為了加強讀者親臨其境的感覺，文字儘量精簡，以照片為主，不過也請勿自我侷限在所顯圖片，因為每一張照片的拍攝，取決於無數的因緣和合條件，不同的季節、角度、光線……都會導致迥異的結果。因此，在圖片影像之外，請發揮想像空間。

這幾年來，每當我翻山越嶺，徒步跋涉，遍嚐摸黑趕早、烈陽曝曬、雨雪冰雹，甚至迷路，終於抵達蓮師聖地時，蓮師生平、教言法要……都會在心中浮現。因緣不同，有時停留時間長，可以圓滿修畢《上師相應法》；有時停留時間短，只能誦《蓮師七句祈請文》和蓮師心咒。但蓮師的加持力無二分別。

憶念蓮師的一切，在那一刻，感受到聖地的殊勝及蓮師加持的慈悲力量，眼淚常常會無聲無息簌簌流下，甚至汗毛直豎，涕泗縱橫。

蓮師曾允諾：「只要弟子用虔誠、渴望的旋律吟唱七句祈請文和心咒祈請我；用法器的敲擊聲熱烈地呼喚我，我將立刻從銅色吉祥山到來，予以加持，像無法抗拒愛兒呼喚的母親。這是我的誓言。」

蓮師也說過：「任何聽聞或讀誦我生平故事的人，都將得到利益和加持。」

……。

僅將此三十六處蓮師聖地，呈獻給每一位對蓮師具足信心的有緣眾生，祈願未來我們都能在蓮師鄔金剎土相見！

師君三尊唐卡。主尊蓮花生大士現寂靜相；左下為寂護大師，身穿袈裟；右下為赤松德贊國王，頭戴王冠，身穿藏袍。

蓮花生信仰

　　曾於一千多年前預言：「當鐵鳥飛翔（飛機）、馬用輪子奔馳（汽車）時，藏人會散佈到全世界，佛法會傳到紅皮膚人的土地上。」

　　這位先知就是蓮花生大士，他是阿彌陀佛的意化現、觀世音菩薩的語化現及釋迦牟尼佛的身化現。他是大藏區家喻戶曉的人物，再偏遠的地方，也找不到一個沒聽說過蓮花生大士的人；也找不到一個沒被蓮花生大士的身、語、意所利益過的人。

　　在蓮花生大士入藏前，佛教已經傳入，但由於受到傳統信仰苯教影響，佛法的傳播受到阻撓。直到八世紀，藏王赤松德贊迎請蓮花生大士入藏（當時稱為吐蕃），加上寂護大師三人（史稱師君三尊）共同建立了桑耶寺，開創了佛教在雪域高原上佛、法、僧三寶俱足的局面，最後並將佛教本土化，因此，蓮花生大士成為在西藏佛教史上被尊稱為「第二佛」的第一人。

　　之後藏地許多修行人以蓮花生大士所傳教法和所遺下的伏藏法作為主要修行根據，無形中形成了一個教派傳承，但在最早時並無教派名稱，直到西藏佛教後弘期其他教派形成之後，才被稱為「寧瑪派」，是藏傳佛教各派中歷史最久遠的一派，藏語「寧瑪」的意思就是「古老、舊」。

　　寧瑪派最神奇之處在於擁有無數的伏藏教法，雖然其他教派也修持蓮花生大士的教法，但最能體現蓮花生大士思想的只有寧瑪派的教義，直接傳承自蓮花生大士所處的前弘期，在那個古老的年代裡唯有寧瑪派。

　　寧瑪派的發展也跨越了西藏佛教一千多年歷史的前弘期和後弘期，過程主導了藏

傳佛教文化的形成。因為注重實修，主要都隱居在山區專注修持，所以發展過程中與其他派別之間的衝突很少，因此，也最為藏區民眾所普遍接受及尊崇。

最早，寧瑪派並沒有建立具規模的寺廟，直到五世達賴喇嘛（註1）大力支持，在十七世紀時才陸續建立了六大主寺，主寺下再分出眾多子寺。六大主寺包括位於上藏山南地區的多吉扎寺和敏珠林寺；位於中藏康區的佐欽寺和雪謙寺；位於下藏康區的噶陀寺和白玉寺。前二主寺所在位置相當於今日西藏自治區山南市，後四主寺所在位置相當於今日四川省甘孜藏族自治州內的德格縣和白玉縣。

除了六大主寺外，另有兩個獨立的主要傳承：龍欽寧提（龍欽心髓）傳承和敦珠新岩藏傳承。後者依創始者第一世敦珠仁波切所發掘之岩藏法本為主；前者依遍智龍欽巴尊者整理之寧瑪派法教及岩藏法本為主，由吉美林巴創建，傳給兩位心子，也就是第一世多智欽和第一世如來芽。後來，兩位心子一在青海地區傳法建立多智欽寺；一在康區傳法建立扎嘉寺。形成了龍欽心髓的兩大傳承，教法遍傳於寧瑪派乃至整個藏傳佛教地區。

雖然蓮花生大士被寧瑪派奉為開山祖師，但在大藏區不分教派都對蓮師無限景仰崇敬，不管寺廟或家中都供奉著他的塑像或唐卡，而且老百姓口耳相傳蓮師降妖伏魔的眾多故事，自古至今不斷，蓮師在藏人心目中所佔份量及地位之高無可比擬。

一千多年以來，蓮花生大士的佛法學說和修行法門持續影響著西藏民族及分佈於全世界的藏傳佛教徒，因此，許多研究藏學的專家學者都認為：蓮花生大士從開創西藏佛教的歷史偉人角色走進藏人心中，形成了所謂的「蓮花生信仰」，是一種超越派別、全無教派隔閡的至誠信仰，傳承至今歷久不衰。

註1：五世達賴喇嘛出生於寧瑪派家庭，修行寧瑪派法門，在他任內，寧瑪派得到了大發展，他不僅是格魯派的巨擘，也是對寧瑪派有重大恩德的祖師。

多吉扎寺位於今日西藏自治區山南市貢嘎縣。

敏珠林寺位於今日西藏自治區山南市扎囊縣。

佐欽寺位於今日四川甘孜藏族自治州德格縣。

雪謙寺位於今日四川甘孜藏族自治州德格縣。

噶陀寺位於今日四川甘孜藏族自治州白玉縣。

白玉寺位於今日四川甘孜藏族自治州白玉縣。

陽光下的措貝瑪熠熠生輝。

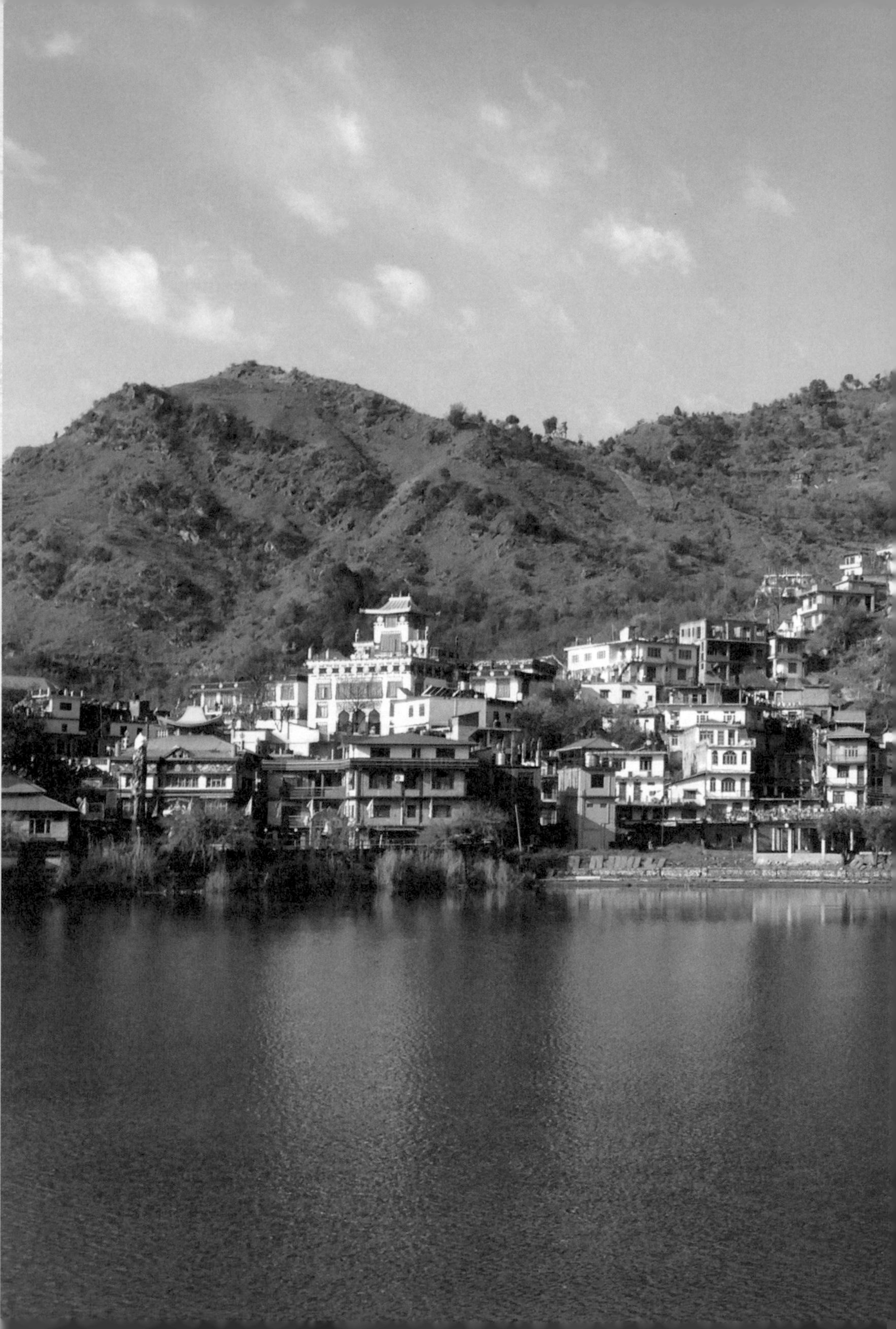

第壹部　蓮花生大士的傳奇

有關蓮花生大士的事蹟傳記多達數百種藏文版本，最廣為流傳的是十四世紀由伏藏師鄔金林巴發掘的《蓮花遺教》，藏語稱《貝瑪噶唐》，以偈頌體詩句呈現蓮師的傳奇，書末註明內容係由蓮師口述，弟子耶謝措嘉（蓮師佛母）記錄及伏藏，當時耶謝措嘉八十五歲。

十七世紀時，由於五世達賴喇嘛的校正和極力推崇，《蓮花遺教》被藏人奉為聖典，也被藏傳佛教的大師學者們譽為是記載比較詳實的權威版本。

一九九〇年，洛珠加措、俄東瓦拉將之譯為漢文偈頌體詩句，以《蓮花生大士本生傳》為書名出版，分為一〇八章。之後，中國社會科學出版社出版漢文《蓮花生大士全傳》，主要也依據《蓮花遺教》，但將偈頌體詩句改寫成白話文。

此外，十二世紀時，被譽為三大伏藏王之一的娘‧熱‧尼瑪沃色，曾於桑耶寺三界銅殿洲中取出蓮花生大士的傳記，稱為《蓮花生大士傳記噶唐桑林瑪》，分為四十一章，內容與《蓮花遺教》大致相同，但著重記錄有關蓮師抵達藏地後的事蹟，並以十多章篇幅記錄蓮師離藏前對王臣、比丘、佛法師、密續行者、禪修者、瑜伽士、藏民……等不同對象的最後叮嚀。

還有，十六世紀覺囊派高僧多羅那曾查閱印度史籍再以藏文寫下《大阿闍黎蓮花生傳‧三信具足》，概括敘述了蓮師在印度修行得道的過程，以各項事蹟證明蓮師修行已得大成就。

耶謝措嘉佛母在《蓮花遺教》說明：「為了化育人類，接度有緣者，使三寶在世永長存，不讓顯密二宗生隔閡…，將烏仗亞那蓮化生大士身、語、意、智慧、事業的情況，筆錄成傳記一萬零九百種，為了今後有緣眾弟子，隱藏起來寄望於後人。」

因此，不同時期的伏藏師（史籍記載大伏藏師有一〇八位，小伏藏師有一千位）發掘蓮師傳記的記錄非常多，唯獨《蓮花遺教》流傳最廣，被視為如意寶般供奉於寺院和家中佛堂，學者分析，主要因為這部伏藏傳記具足六個殊勝：伏藏者殊勝、掘藏者殊勝、取藏地點殊勝、認證殊勝、功德殊勝、加持殊勝。

《蓮花遺教》分為一〇八章，記錄了蓮花生大士的殊勝誕生、精進修行、調伏外道、弘揚佛法、隨類教化、降妖伏魔、興佛建寺、譯經傳法、培養法才、伏藏法教、傳承法脈、囑托授記、去往淨土等事蹟和功德，並介紹了蓮師以海生金剛上師、蓮花王上師、蓮花生上師、釋迦獅子上師、愛慧上師、獅子吼上師、日光上師、忿怒金剛上師等八大神變身度化眾生。

　　本書以下有關蓮師從誕生到前往羅剎國之間的重要事蹟，主要也是參考伏藏傳記《蓮花遺教》。

　　蓮花生大士誕生地屬北印度古國，因為地名來自梵文，被譯成相似的烏仗那（Udyana）、鄔金（Orgyen）、烏地雅納（Oddiyana），而真正位置在哪呢？日本學者矢崎正見考證位於今日巴基斯坦西部的卡普利斯坦，但《大唐西域記注釋》記載相當於今日巴基斯坦東北部靠邊境的斯瓦特河谷。

　　在中國文獻記載中，最早見於五世紀初東晉高僧法顯撰寫的《佛國記》，書中提到「烏萇國」。七世紀唐代高僧玄奘口述的《大唐西域記》，對「烏仗那」如此描寫：「其地周圍五千餘里，山谷相屬，人民崇信大乘佛法，有伽藍一千四百餘所，僧徒萬餘人。此國為釋迦佛教化之地，故有關之本生遺蹟頗多。」而唐代高僧義淨撰寫的《大唐西域求法高僧傳》，記載所經地點時，也提到「烏長那」。

　　關於蓮師誕生的時間，說法分歧，多數看法認為是在佛陀入滅（西元前五世紀）後十二年。

　　《涅槃經》：「我入滅後十二載，鄔金西北隅無垢郭夏湖中，一位人中之尊將出現於蓮花花蕊上。」

　　《圓滿聚集殊勝續》：「我將重現於世間，烏迪亞納國土中，具有蓮花生之名。

唐卡中蓮師現國王身，頭戴王冠，身穿絲織王服。右側有一手持長矛將軍，護衛著蓮花國王；左下角白象是皇室標誌；右下方手托摩尼寶者為蓮花國王妻子持光女。

我將為密咒教主。」

《摩揭陀國授記經》：「為了根除恆常見，我將會入寂滅中，然而復經十二載，為了淨除虛斷見，我於無垢郭夏湖，現身一朵蓮花中，身為國王高貴子，國王因此而愉悅，並將轉動佛法輪、無比精義之法義。」

據伏藏記載，古印度西北方有個鄔金國，國王因膝下無子，為積累福報資糧，持續廣大供養三寶及布施大眾，導致國庫掏空，不得不冒險前往遠洋尋找滿願寶。由於國王具足廣大功德，因此順利求得滿願寶，返程途中，在達那果夏湖中小島，看到一朵彩色蓮花，金光萬道，蓮瓣上坐著一位年幼男童，相好殊勝，一手持鈴一手持杵。國王滿心歡喜，將他帶回皇宮，封為王子養育，這就是日後的蓮花生大士。

隨著時光流逝，王子長大娶持光女為妻。某日，金剛薩埵佛現身對他道：「汝乃教主，實非政王。」

於是王子善巧示現瑜伽行為以斬斷王臣民眾對他的執著，他赤身裸體，僅留骨飾，手持人皮骨和三叉戟，在眾目睽睽下跳舞，瞬間三叉戟滑落，擊中大臣之子腦袋，當場死亡，因此被流放到屍陀林（墳場），從此以人皮為裳，以屍肉為餐，隨心所欲前往各個不同的屍陀林專心修行，空行勇父皆賜予成就，傳授法脈，使他成為具足大力的瑜伽士。

蓮花生大士雖然是自顯化身佛，但為了調化濁世眾生，讓有情眾生明白上師的必要性，他仍然向各已證悟的上師修學佛法，受持所有經部、續部法教，盡得顯密究竟法義，親見一切本尊。

期間向師利僧哈（註1）學習大圓滿教法後，曾到中國的五台山學習天文曆算。他的上師佛吉祥智也曾立志朝禮五台，同學無垢友也到過漢地。因此，所傳授的教法中帶有漢地禪宗色彩。

註1：大圓滿傳承由法身普賢王如來傳給報身金剛薩埵，再傳給極喜金剛，極喜金剛是人間初祖，傳給文殊友，再傳給師利僧哈（吉祥獅子），因此師利僧哈被稱為大圓滿法三祖，也是最早成就大圓滿法的漢人。

山西五台山

一般都知道五台山是文殊菩薩弘法利生的道場，但卻很少人知道五台山與寧瑪派的大圓滿法脈也有密切的因緣。

五台山的那羅延窟是文殊菩薩與金剛手菩薩轉法輪的地方，金剛手菩薩是大圓滿傳承祖師金剛薩埵佛尊的菩薩相示現，大圓滿法脈中有多位祖師被公認為文殊菩薩的化身，也有多位傳承祖師在五台山修行過。

《普賢上師言教》講到大圓滿阿底瑜伽在人間的起源和傳承，由密主金剛手尊者傳與嘎繞多吉（極喜金剛），嘎繞多吉傳與蔣華西寧（文殊友），蔣華西寧傳與師利僧哈，而師利僧哈尊者有

五台山菩薩頂蓮師殿玻璃櫃內供奉的蓮師像，具有真正見解脫的加持力。

智者嘉納思札、大班智達貝瑪拉米札、鄔金蓮師、大譯師毗盧遮那等四位弟子承繼法脈。由於師利僧哈長期安住在五台山直至圓寂，法子們依止上師、求法、修道等事蹟，也都發生在五台山。因此，五台山與大圓滿法的延續、發揚有非常密切的關係。

根據《蓮花生大士本生傳》記載，蓮師曾前往五台山發掘了伏藏八萬四千部，這八萬四千部是釋迦牟尼佛在印度開示佛法時，以世俗諦方便法的曆算撒下佛法種子，文殊菩薩將其伏藏於五台山，後來慈悲的觀世音菩薩為了拯救眾生免於戰亂、飢荒、病魔的侵擾，指示蓮師至五台山發掘伏藏，在得到文殊菩薩應允後，順利取出，包括

天文曆算、占卜算命、八卦九宮及續部的內容。

今日五台山菩薩頂蓮師殿內供奉的蓮師像，具有真正見解脫的加持力，由法王如意寶晉美彭措於一九八七年帶領萬餘僧俗朝拜五台山時親自裝藏開光，這尊蓮師像心間裝藏了一尊法王如意寶前世伏藏大師列繞朗巴取出的伏藏大樂蓮師像。列繞朗巴大師取出時，佛像曾開口：「我與蓮師無二無別。」

五台山的西台又名掛月峰，台頂下方海拔約二千五百公尺處有座西來寺，寺旁除了有著名聖跡不二法門對談石和八功德水聖跡外，還有蓮師閉關修行洞及蓮師大腳印。

相傳蓮花生大士曾在諸童子引領下暢遊五台山，在八功德水池邊，蓮師捧水一飲而盡，讚歎「長養菩提甘露，甚為稀有。」隨後，諸童子又引領蓮師來到一山洞，蓮師甚為歡喜，在山洞閉關，後來並在附近岩石上留下一個又深又大的腳印。

聖跡不二法門對談石下方左側，被以水泥強化的洞穴即蓮師閉關修行洞。

五台山蓮師大腳印，水窪處為腳跟部位。

不丹古杰寺

　　西元八世紀，印度有位王子因被王室驅逐，自立為王，取名辛杜惹札，帶著眷屬轉到今日不丹的苯塘地區，建造城堡，他以殘暴手段統治該地，並宰殺生禽血祭大自在天王與世間神祇。後來其子在與印度作戰時不幸戰死，他悲傷欲絕，遷怒當地神祇，傳令將所有戰亡士兵及馬匹的屍體放火焚燒，此舉造成神祇和鬼神全染上穢氣，他們忿怒地口吐瘟氣，造成瘟疫。辛杜惹札的魂魄也被地神謝錦噶波勾攝而去，病情嚴重，任何醫療都無效，瀕危之際，有大臣建議迎請具有降魔本事的蓮花生大士來修法。

　　辛杜惹札立刻派人前往迎請，蓮師明白度化時機已到，啟程來到苯塘，向國王表示：「我不要任何供養，只要國王起誓不造惡業，不使用暴力，行善助人，並且信仰宗教，我就會治好你的病。」國王連聲答應。

　　蓮師於是前往地神住處附近的洞穴札瑪多杰閉關實修，公主蒙瑪札西瓊典前來協助運水、製作多瑪食子及供養三餐，當時蓮師將自印度帶來的拐杖插在洞穴，觸及龍王宮殿，龍宮劇烈搖動，龍王來到蓮師跟前，蓮師要求龍王提供八功德水供養。

　　閉關第七天圓滿的早晨，蓮師要公主帶著黃金盆前往洞穴西北方，有一小岩石下方將出現八功德水。公主依指示前往，一接到水，神變出五位空行母，手上各拿著黃金盆，全部裝滿神聖甘露水後，一同將聖水帶往下方平原，整個平原充滿虹光。

　　這時，地神謝錦噶波變成獅子攻擊，蓮師立刻化為大鵬金翅鳥，以爪子緊抓住獅子頸部，命令他釋放辛杜惹札的魂魄。謝錦噶波只得聽從；蓮師留下手印和腳印，顯現各種瑞相後，授命謝錦噶波成為此地護法。

　　國王痊癒後，蓮師傳授國王、眷屬與人民許多灌頂與教法，君民對蓮師都具有高度信心與恭敬心，請求長駐，蓮師表示由於和藏王赤松德贊與堪布菩提薩埵兩人有累世緣分，不久將前往西藏長駐，降伏妖魔，廣傳佛法。不過出發之前，會先在印度復興正法與實修，降伏外道與邪魔，圓滿後轉往尼泊爾，然後在虎年開春才啟程前往西藏。

　　蓮師離開前對國王預言，未來整個國家將會佛法興盛，人民幸福。

最右側二層樓即札瑪多杰洞穴原址，蓮師身形印記石被供奉在大殿中。

古杰寺位於不丹中部偏北的苯塘地區。

八世紀時，國王辛杜惹札患重病得蓮師解救後，皈依佛教，為了紀念，他在蓮師閉關實修的札瑪多杰洞穴興建了一座小寺廟。

也有另一說，係蓮師離開後，公主在札瑪多杰洞穴蓋了一間小閉關中心，從十一到十四世紀，陸續有多位大伏藏師，還有龍欽巴尊者都曾來此閉關實修。

十九世紀，不丹第一任國王在洞穴原址上建造了一座蓮師壇城，後來擴建成目前所見的二層樓規模。蓮師身印石就供奉在二層的大殿中央，四面以玻璃保護著，不容許攝影。

二十世紀上葉，第二任國王的王后在原寺廟旁邊興建了三層樓寺廟，供奉三寶佛、十六佛像及蓮師二十五位弟子的壇城。

蓮師自印度帶來插下觸及龍王宮殿的拐杖，化為巨大柏樹。

一九八九年第三任國王與王后持續建造一座三層樓寺廟，二、三層供奉二層樓高的佛像壇城，中央是全世界唯一的八大嘿嚕嘎壇城，左右兩側為普巴金剛壇城和心意本尊壇城。

由於蓮師在此留下身印，因此寺廟稱為古杰寺，古杰即身印的意思。寺廟周圍有一○八個小佛塔環繞，圍牆上和旁邊山坡上的的石塊都刻有祈福經文。

蓮師回到印度，思維是度化沙河爾國及烏地雅那國的時候了。

沙河爾國公主曼達拉娃是空行母化身，一心向佛，拒絕各國王子求婚，國王不得已為公主修建了一座能容納五百名宮女的靜修院，以防範男性仰慕者接近，公主和宮女就在靜修院裡過著比丘尼似的生活。

有一天，一道壯麗耀眼的彩虹高掛在靜修院上空，蓮師現身虹光中，公主和宮女們生出強烈信心，祈請蓮師給予教法，於是蓮師下降開示佛法，公主和所有宮女都依止蓮師領受教法，並誓願追隨。

不久，一位牧羊者為了尋找走失的羊，來到附近，聽到靜修院傳出男聲，揭發此事，謠言四起，消息傳到宮中，國王憤怒，下令將公主綑綁關進地牢，同時命士兵將蓮師帶至雷瓦薩山中處以火刑。熊熊烈火燃燒了七晝夜後，地面燒成一個湖泊，出乎意料，蓮師卻毫髮無傷，跏趺坐在湖中蓮花上。在場民眾目睹，震驚之餘，全部臣伏皈依，國王也悔過，釋放公主，恭迎蓮師至宮中供養，並皈依佛教。

筆者朝聖古杰寺時，天空出現奇特日影。

　　沙河爾國位於今日印度喜馬偕爾邦的 Mandi，熊熊烈火燃燒七晝夜而形成的湖泊，被稱為措貝瑪（藏語，意即蓮花湖），當地人則稱 Rewalsar 雷瓦薩，離西藏流亡政府所在地達蘭沙拉約四小時車程。

　　因為蓮師和曼達拉娃的故事，措貝瑪成為藏傳佛教著名聖地。巨大的蓮師像佇立在湖畔上方，莊嚴殊勝，環湖一圈是一條轉經朝聖道，隨時都有來自世界各地的信眾，順時針方向，一遍又一遍轉湖。湖邊四周建有許多佛教寺院，甚至也有錫克教、印度教、回教的寺院。每逢法會或蓮師薈供日時，朝聖轉湖的民眾更是絡繹不絕，路旁坐滿其他宗教出家人，等待民眾供養。

　　蓮師當年閉關的修行地位在湖邊山丘頂，現今仍有許多修行人在這一帶岩洞中或自建簡陋小屋閉關。由我看到一間小閉關房門上寫著「cave24」推論，至少就有二十四位修行者吧！

　　蓮師閉關洞入口狹窄，進入後空間稍微大些，可容十多人，一尊蓮師像緊挨岩壁而設，前方恰好有足夠空間讓朝聖者頂禮，往裡走，穿過窄小歪斜的岩壁小口，裡洞是曼達拉娃的修行洞，供有一尊塑像。

細雨中，從大蓮師像眺望措貝瑪全景。

環繞蓮師閉關洞外圍轉一圈約數十分鐘，走到後山越過公路爬上階梯，盡頭一座小佛殿內的岩壁上保存有蓮師留下的腳印，相當清晰。

| 左頁下
蓮師閉關修行洞外觀。

| 右頁左上
洞內狹窄岩壁間供奉著蓮師像。

| 右頁下
蓮師腳印位於階梯上方的小佛殿內。

| 右頁右上
小佛殿內岩壁上的蓮師大腳印被塗上金色，增顯尊貴。

度化了沙河爾國後，蓮師帶著曼達拉娃前往尼泊爾「瑪拉提卡」洞穴，開顯長壽佛壇城，共修長壽持明法，三個月後，親見無量壽佛，無量壽佛授予他倆灌頂，蓮師獲得長壽持明果位，成就了超越生死的金剛身。

接著，蓮師與曼達拉娃前往烏地雅那，在當地行乞，有人認出他是昔日殺死大臣兒子而被放逐的王子，通知大臣，大臣帶著隨從抓住他倆，綑綁在木頭堆焚燒，誰知大火燒了二十一天，濃煙未熄。曾撫養蓮師的國王親往察看，濃煙散開，只見灰燼中有株蓮花，蓮師和曼達拉娃毫髮未傷地端坐蓮花上。國王及眾人驚訝讚歎，向蓮師頂禮繞行，真心誠意皈依學佛。從此，烏地雅那全國安於佛法之道。

尼泊爾瑪拉提卡

瑪拉提卡（Maratika）聖地位於加德滿都東方二百多公里的偏僻山區，山路彎曲顛簸，需花整整一天才能抵達。二〇一六年我朝聖時，有位喇嘛同行，抵達後他大為吃驚，幾年前他來過一次，那時朝聖客很少，都自備乾糧，借宿當地民家，沒想到眼前已有不少旅館和

上洞又名長壽洞，修建了階梯深入洞內。

小餐廳。

　　朝聖者除了藏人，還有不少尼泊爾人，原來是印度教聲稱濕婆神與天后在此結婚，因此此地也被視為印度教聖地。

　　瑪拉提卡分為上下兩洞，上洞稱長壽洞，下洞稱伏魔洞。一開始，蓮師在下洞修行，誅伏前來擾亂的魔女，修法八大嘿嚕嘎，成就後直接往上飛，將洞頂衝破一個缺口，通往上洞，之後在上洞修習長壽法門，親見無量壽佛，成就長壽持明果位。

下洞又名伏魔洞，入口需經過漆黑通道，左側石頭係由魔女心臟化成。

　　上洞口較開濶，有階梯下行，下洞口較窄，需先穿過漆黑的小通道，才能進到裡面。上下兩洞內有許多自然形成的鐘乳石奇觀，但都被印度教徒塗上鮮艷的紅黃色紛，黑暗中手電筒突然照到時，有點觸目驚心。

　　上下兩洞間不相通，順轉朝聖時先到上洞，朝聖後出洞，沿步道下行，抵達下洞。離開步道不遠有一處被稱為蓮師長壽水的天然湧泉聖跡，可飲用也可沐浴。續沿步道可回到上洞入口附近，圓滿一圈。

　　無論上下洞都棲息著大群蝙蝠，我才坐下準備修《上師相應法》，立刻中標蝙

蓮師往上飛所造成的缺口，壁面有許多朝聖者丟獻的哈達。

夕陽下遠眺蓮師秘密洞，寧謐安詳。

蝠屎，最後找到一處略往裡凹的山壁，緊貼壁面而坐，再用風衣從上往下蓋住頭部和法本。

瑪拉提卡聖地除了長壽洞和伏魔洞外，還有文殊山、觀音山、金剛手山三聖山及蓮師秘密洞等聖跡。我非常喜歡在蓮師秘密洞靜坐及持咒的氛圍，它是個僅能容納兩三人的小山洞，位在高陡崖壁上，山洞往裡凹陷，設有小壇城，寧謐殊勝。

其後，蓮師為調伏侵入金剛座的外道，先往大寒林（墳場）修行，等待時機。當時有四位具大能力的外道師，帶領五百隨從前往金剛座挑戰佛教班智達（梵文，指學識淵博的大學者），揚言輸者必須改信勝者的教派。班智達們集會討論，若只比辯論還有勝算，但若較量神通，一定比不過。怎麼辦呢？

一位空行母化身的女子出現對他們說：

「只有迎請我兄弟──住在大寒林修行的蓮花生大士，你們才能打敗這些外道，否則佛教將遭到毀滅。」

「那要如何迎請呢？」

「不能只派人去迎請，必須在摩訶菩提寺（大菩提寺）舉辦一場盛大供養，並以最大恭敬心一起念誦〈蓮師七句祈請文〉，他就會來到。」

女子說完就消失了。眾班智達依言而行，破曉時分，蓮師從空中降臨，日出後，正式開始辯論，蓮師安坐在金剛座，向四方幻化出四個不同的身相參與辯論，最後，通過教理和神通降伏了五百名外道，全都皈依佛教。從此，〈蓮師七句祈請文〉（註1）傳遍各地，蓮師聲名遠播，四方各國都慕名邀請前往弘揚佛法。

註1：吽　鄔金刹土西北隅，蓮花蕊莖之座上，稀有殊勝成就者，世稱名號蓮花生，空行眷屬眾圍繞，我隨汝尊而修持，為賜加持祈降臨。嗡啊吽班雜古魯貝瑪悉地吽。（最後一句為蓮師心咒）

爬上兩段式鐵梯，盡頭即是往裡凹陷的蓮師秘密洞，設有小壇城。

印度菩提伽耶

印度菩提伽耶摩訶菩提寺，每年秋冬季，各大教派會輪流於此舉辦大法會。

菩提伽耶是佛陀悟道成佛處，是佛教徒心目中最神聖的大聖地；聖地中心的摩訶菩提寺，又稱大菩提寺或正覺塔。

西元前六百二十三年的月圓之日，悉達多太子在菩提伽耶的菩提樹下悟道成佛。西元前二百五十年，印度孔雀王朝阿育王在此建了摩訶菩提寺與菩提樹下的金剛寶座，以紀念佛陀悟道所在地，四周並圍石欄保護。之後佛教衰微，在印度幾乎滅絕，摩訶菩提寺也因而破敗。十九世紀末，統治印度的英國政府開始修復摩訶菩提寺，並為佛教自印度教手中爭取控制權。二○○二年，摩訶菩提寺成為聯合國教科文組織世界遺產。

摩訶菩提寺高約五十二公尺，底層為四邊形，各邊長約十五公尺，佛陀悟道的金剛座位於西面。歷經歲月摧殘，昔日菩提樹已亡，今日所見並非二六○○年前佛陀悟道那棵，而是從斯里蘭卡移植而來。

菩提伽耶夏季酷熱，無法久待，朝聖最佳時間是每年入秋到翌年三月，期間藏傳佛教四大教派相繼在此舉辦講經或大法會。世界各地的佛教徒與紅袍僧侶摩肩接踵而來，使得安靜寂寥了大半年的菩提伽耶小鎮，瞬間再度成為喧譁之地，住宿費用全在一夕暴漲數倍。

菩提樹和金剛座前隨時都坐滿來自世界各地的佛教徒，虔誠誦經祈禱。

蓮師圓滿印度佛法事業後，心想必須修證大手印無上持明果位了。於是前往尼泊爾帕平地區揚列雪山洞閉關，之後又往上到阿蘇拉山洞閉關。

　　當時蓮師帶了尼泊爾公主釋迦德瓦同行，作為修行助伴。首先開顯九面毗蘇達嘿嚕嘎壇城，然而卻有三種障礙生起，三魔現身作障，大地乾旱，草木不生，饑荒瘟疫嚴重。蓮師想：「事出有因，地方神祇必定在設法阻撓我獲得大手印成就。」於是，派兩位心子帶著金粉供品前往印度向諸班智達請益，所有班智達都表示應該向札巴哈德請求對治摧伏中斷的金剛橛法。於是兩位心子前往請法，然後帶著札巴哈德從《普巴布度達瑪十萬部》中給予的《降伏怨魔事業法》返歸，剛抵達揚列雪岩洞，三魔隨即被平伏，空中降雨，莊稼成熟，清除了饑荒瘟疫。

　　蓮師心想：「毗蘇達猶如做生意的商人，行者獲得的成就雖大，但遇到的障礙也可能很大；普巴本尊如同武裝護衛軍，摧毀障礙不可或缺。」於是結合二者編寫一部儀軌，修持後，獲得了大手印殊勝成就。

名聞遐邇、會說話及滿願靈驗的綠度母，位於大覺塔外壁。

尼泊爾帕平揚列雪

位於尼泊爾加德滿都西郊帕平（Pharping）地區的蓮師聖地，藏語稱為揚列雪，主要有揚列雪山洞和阿蘇拉山洞，相傳蓮師在此地修行三年多，降服了當地惡龍。這裡寒冬也花朵綻放，樹木翠綠，是具足大吉祥的殊勝加持地。

傳說昔日蓮師在此閉關修行時，是從揚列雪山洞往上直接穿過岩壁到達阿蘇拉山洞。後有人發現兩洞之間有細窄通道，人體無法通過，將貓放進阿蘇拉山洞窄道，結果貓從下方的揚列雪山洞爬出。

阿蘇拉山洞內供奉著蓮師像，壁上有蓮師留下的膝蓋及頭蓋骨印記；洞口外壁有一清晰手印，是蓮師出關時，手扶石壁留下的。

揚列雪山洞狹小低矮，僅能容二三人入內。

今日前往帕平朝聖，除了蓮師修行洞，還有金剛亥母寺及岩壁上天然浮現的綠度母和象鼻財神小佛殿。自生綠度母約手掌大小，據說開始時輪廓很淺，逐年立體化，顯像愈來愈清晰。

阿蘇拉山洞外觀。

自生綠度母（右側靠近曼達處）和象鼻財神。

之後，蓮師前往尼泊爾和西藏邊境一個叫察瓦察肖的地方閉關，該地有個天然湧現的「菩提泉」，終年不枯竭，冬天鮮花也盛開。原本住有四位女土地神，十分兇惡，時常傷害眾生，蓮師調伏她們後，封為金剛橛的隨從神眾。

　　依據《蓮花遺教》一書記載，蓮師結束菩提泉閉關後，前往郭夏旃檀洲，在普拉哈裡岩洞，夜晚金剛手菩薩現身預言：「若要一生成佛，會有妖魔障礙，為了消除此障礙，必須前往王舍城西方大墳場西南的黑樹林裡取得成就。」蓮師依言取得成就後，又因受太陽雄獅王邀請，駐守在印度菩提伽耶傳法一段時日，然後才應邀前往吐蕃（西藏）。

蓮師出關時留在阿蘇拉山洞外壁上的清晰手印。

尼泊爾菩提泉

菩提泉聖地海拔約三千三百公尺,蓮師在〈消除障道祈請文〉中描繪的「妙香馥鬱漫山野,冬開雜色妙蓮花,菩提甘露湧山泉」,便是指菩提泉聖地。

從加德滿都到菩提泉所在地約一百多公里,進入山區後路況不佳,到入口後需沿山路步行約二十分鐘。靠近時,林間有許多簡陋的修行小屋;往北望是積雪的喜瑪拉雅山脈。

昔日蓮師在岩石中插下普巴杵,拔出時,泉水噴湧而出,成為甘露。今日泉水仍源源不絕自岩壁中湧出,一年四季從不乾涸,但出水口已被柵欄圍住作為保護,另以人工方式從底部引到下方流出。

從新出水口一側沿梯階往上走,到達一平台,蓮花生大士的自生臉孔從岩壁中浮

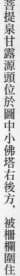

菩提泉甘露源頭位於圖中小佛塔右後方,被柵欄圍住。

現，眼睛、鼻子、嘴巴、耳環都很清楚，甚至連左臂彎裡的三叉戟都隱約可見。根據當地一位印度苦行者所言，蓮師自生臉孔在二十多年前才浮現，而且逐年往外凸顯。

蓮師應邀前往西藏，正是西藏國王赤松德贊開始振興佛教之際。

西藏佛教啟蒙於七世紀中葉，當時松贊干布統一各部落後，建立了吐蕃王朝，在位期間，先後迎娶尼泊爾赤尊公主和唐朝文成公主，兩位公主都虔信佛教，入藏時，帶進許多佛教經典、佛像及法器，松贊干布受她們影響，也信奉佛教，因此，佛教在吐蕃開始流傳，但由於原始苯教信仰根深柢固，佛教無能作為，到了三十七代國王赤德祖贊時，信佛反佛的朝臣之間，衝突趨多。

西元七百五十五年，赤德祖贊被反佛大臣設計害死了，十三歲的赤松德贊繼位，由於年幼，政權歸大臣代理，奸臣挾小王子制定法令禁止佛教。

菩提泉石壁上自然浮現的蓮師臉孔，逐年往外凸顯。

菩提泉一旁供奉著蓮師石塑像，細長鳳眼、嘴角上揚微笑。

赤松德贊長大成人後，閱讀祖先文書記錄，產生信奉佛教的想法，決定興佛，於是力排眾議，派人前往天竺（今印度）迎請「已經親見如實真理，通達一切諸法意義和五明學處」（引自《西藏王臣記》）的大堪布菩提薩埵，也就是寂護大師。

寂護大師來到藏地，對藏王講說十善法等佛法要義，觸怒了藏地的兇惡鬼神，發生雷擊布達拉宮以及年荒、人病、畜瘟的災禍。反佛臣民認為所有災害都是信奉佛法帶來的後果，危言聳聽，以致全民都對佛法起了反感，寂護大師迫不得已只好離開，前往尼泊爾。

臨行對赤松德贊說：「為了以威猛法降伏藏地的兇惡鬼神，必需迎請烏仗那的阿闍黎貝瑪炯內（指蓮花生大士），他是一位大密師，過去生與你我同修一座佛塔時，曾有過後世再續前緣的誓言。如能將他請來，定能成功。」

於是，赤松德贊依寂護大師建議，派人前往迎請蓮師入藏，開啟了這一世的再續前緣。

尼泊爾滿願大佛塔

西元一五一八年伏藏師所發掘的伏藏本，記載了蓮師曾在桑耶寺向赤松德贊和二十五弟子講述尼泊爾滿願大佛塔的故事。

無數劫前，觀世音菩薩發願要令眾生脫離苦海得解脫，在解救了無數眾生後，發現還是有無數眾生如蠅附糞池地停留在惡趣中，心想勢必無法救度眾生脫離苦海了，悲從中來，流下兩滴淚珠，化成帝釋天的兩個女兒，小女兒因偷竊花朵觸犯天條，被懲罰到人間受生，成為尼泊爾一位養雞人的女兒，婚後生了四個兒子。

養雞婦勤奮工作，漸漸累積了財富，她想：「應該拿這些錢做些有意義的事，我要建造一個大塔，作為眾生累積福德和智慧資糧的對象，並成為諸如來金剛不壞靈骨的舍利塔。」

發願後，她去謁見國王，頂禮繞行後下跪合掌，說明自己願心，向國王懇求她只需要一塊牛皮大的地就可以了。

國王心想牛皮也不大，就答應了她的請求。沒想到養雞婦先將牛皮剪成細條狀，連結一長條，圍成一塊不小的地。國王有點後悔，但一言既出，駟馬難追。因此，這座大塔被稱為「夏絨卡秀」，意思便是「話已出口，斷難反悔」。

養雞婦帶著兒子展開建築大塔的工程，但尚未完成她就過世了，兒子們繼續工程，前後花了七年時間。

大塔完成時，大地震動，鐃鈸之聲大作，天空撒下花雨，諸佛菩薩海會發出智慧光明，並說：「由你們以清淨心發願並建造完成這個大塔的功德，你們所作的任何祈願都會圓滿實現。」

於是，長子祈願：「願我轉生在北方冰封的國度，成為一個偉大的國王和護法，在五毒增長的惡世中，弘揚釋迦牟尼佛教法，永垂於世。」

二〇一五年尼泊爾大地震未發生前的滿願大佛塔。

次子祈願：「當我兄長在冰封的北國轉生為國王及護法，願我轉生為一位比丘，成為一個大阿羅漢，剃度信眾為僧。」

三子祈願：「當兩位兄長建立佛陀教法，人民遵循佛法時，願我神奇地在蓮花的花冠上出生；願我摧毀生死相續，與日月同壽；願我轉生為密法瑜伽士，調伏天、魔、人，並征服所有惡毒鬼神，保護我兄長所建立的佛法。」

祈願轉生為國王的長子，後來轉生為赤松德贊國王。

祈願轉生為比丘的次子，後來轉生為寂護大師。

祈願轉生為密法瑜伽士的就是蓮花生上師。

蓮師接受赤松德贊邀請，從芒域（今日西藏吉隆）入藏，一路運用神變降伏人與非人的種種障礙，使各地山神、土地神祇等都成為佛教護法，發誓護持正法，以此調和佛教和苯教之間的對立，使苯教神靈在佛教中獲得一席之地，而佛教也披上了一些本土的色彩，這才逐步深入吐蕃民心。

終於，在雅魯藏布江畔，離桑耶不遠的地方，赤松德贊與蓮師相遇了。為了滿足國王急於見到寺廟建好後景象的迫切之心，蓮師示現神通，將寺廟早現於手掌之中，赤松德贊看到後驚呼：「桑耶！桑耶！」意思是「出乎意料，不可想像」，寺廟建成後，便命名為「桑耶寺」。

在寂護大師和蓮師主持下，桑耶寺於七百七十五年建成，並選擇了第一批學習梵文的青年，史稱「預試七人」，授予佛法根本的別解脫戒，七人剃度出家為僧，後世慣稱為「七覺士」，是藏傳佛教僧團之始。

為了將梵文佛經譯為藏文，赤松德贊選派了一〇八位翻譯師前往印度學習，其中，毗盧遮那成為西藏史上最傑出的大譯師之一，也是蓮師的二十五大弟子之一，後

來他受陷害被放逐到嘉絨地區，也因此佛法得以傳到藏東。

同時於全國各地持續建寺造塔，佛教成為吐蕃主要的信仰；蓮師也開始廣收門徒，攝受弟子傳法。

赤松德贊在蓮師教導下，了悟了無上密乘的甚深旨趣，歡喜之餘，卸下頭上寶冠，不斷向蓮師頂禮，接著向蓮師獻上五種密供，包括將王妃耶謝措嘉也供養給蓮師。

此後，耶謝措嘉追隨蓮師修行，蓮師賜予她特別灌頂，並傳法加持，使其成為智慧空行母，兩人偕行，走遍西藏各大聖地修行。

蓮師興建桑耶寺時，得力於十二位典瑪（西藏當地的主要地祇女神，被蓮師降伏後立誓永遠保護雪域藏地）的全力協助，因此桑耶寺興建順利。寺廟建成後，寂護大師與蓮師開始將印度經典翻譯成藏文，由於西藏缺乏譯經紙，不丹國王辛杜惹札特地將紙張從不丹運送到西藏。

為了感謝不丹供應譯經紙的善行，及接續蓮師首次蒞臨不丹的因緣（蓮師曾允諾將再前訪），加上蓮師對二十五位弟子中之五位個別傳授具因緣的本尊與實修地點，其中包含了不丹新給宗。於是，蓮師帶著常隨弟子再次前往不丹。

蓮師與耶謝措嘉佛母等隨行弟子在不丹固對縣新給宗等聖地停留了三年，實修長壽法門、長壽佛及普巴金剛雙運法門、馬頭明王與普巴金剛雙運法門……等，三年中，蓮師並埋下許多伏藏。

當時帕羅地區有一妖怪名木讀，與幾位邪魔經常傷害人們，蓮師帶著耶謝措嘉佛母前往降伏。

來到帕羅 Taktshang（即今之虎穴寺），蓮師建造普巴金剛壇城，於壇城中實修

七天，在得到加持成就、實修圓滿的當天早上，蓮師為弟子們灌頂。傍晚時，蓮師神變為「金剛忿怒蓮師」；耶謝措嘉佛母現為老虎；哈龍貝吉森給（耶謝措嘉修長壽法之陪伴者）現為降魔勇士。金剛忿怒蓮師騎坐老虎身上，前去降伏邪魔，木讀使用幻術變成巨虎反擊。瞬間，忿怒蓮師與坐騎壓制巨虎，哈龍貝吉森給以鐵鍊栓住巨虎頸部。木讀被降伏後，蓮師慈悲地予以攝受，使其成為 Taktshang 的護法神。

依據不丹伏藏師取出的伏藏記載，蓮師然後返回西藏，之後還又前往不丹兩回，加持整個不丹成為殊勝聖地，並埋藏許多伏藏。

雲霧飄渺中，虎穴寺宛如仙境。

不丹虎穴寺

　　虎穴寺位於帕羅地區，是世界著名的佛教聖寺之一，被視為空中淨土，藏人稱為達倉，海拔約三千公尺，從入口需徒步三、四小時，登高約六百公尺才能抵達。

　　由於位在高出帕羅峽谷九百多公尺的懸崖上，所有佛殿都沿著峭壁不規則修建，上下錯落，每殿都供有蓮師像。最重要的聖物是昔日蓮花生大士修行的小山洞，裡面供奉著忿怒蓮師多傑卓洛，腳踏在一尊老虎上。

　　還有一座曾開口說話的蓮師佛像，此像在尼泊爾製做，本供在不丹普納卡宗，有一天蓮師像開口說：「我不是供在這裡，是供在虎穴寺山上。」但山高路險怎麼搬呢？人們還在設法想把佛像拆開，背上山再組裝，佛像又說話了：「不用，有人背我。」第二天人們醒來時，蓮師像已在虎穴寺了。

　　緊臨酥油供燈房旁邊有一往下延伸的細狹山洞，標示牌以藏英文寫著「老虎洞穴」，裡頭陰暗，拿手電筒沿著木梯陡下，兩側岩壁溼滑，下到洞底有一小供桌，供著一張老虎化身照。傳說這

遠眺虎穴寺，寺廟上方崖壁酷似忿怒蓮師臉部法相。

裡便是耶謝措嘉幻化的
老虎的住處。

虎穴寺內不允許拍
照，需將相機、手機全
交給工作人員保管。

途中經過傳說由蓮師水晶念珠化現的瀑布，右為耶謝措嘉佛母與
哈龍貝吉森給閉關修普巴金剛的洞穴。

西元七百九十七
年，赤松德贊受箭傷，
傷口發炎，染熱病過
世，享年五十六歲（另
說享年六十九歲）。蓮花生大士本來想在王子牟德贊普服完喪後就離開西藏，但因牟
德贊普出生後就和蓮師在一起，王子不斷請求，於是蓮師留下，傳給牟德贊普完整的
灌頂與口訣。

蓮師預知未來有王族太子將摧毀佛教（指九世紀朗瑪達滅佛），為了讓密咒乘法
脈永傳於世，利益未來眾生，他以各種形態埋藏密宗經典及修行法要，不僅對伏藏地
點和開取的時間作了記錄，也對未來有資格取出伏藏的伏藏師提出標準及授記。此舉
開創了西藏佛教最重要最深奧的伏藏教法，在他的傳記中對伏藏作了許多詳細說明。

蓮師待在西藏期間，曾前往無數地方閉關修行，也曾加持無數地方成為聖地，其
中比較容易被忽略的聖地是「哲孟雄」，哲孟雄這名稱一般人很陌生，其實就是今日
的錫金（位於喜馬拉雅山南麓，面積只有台灣五分之一），西元七世紀，錫金稱為哲
孟雄，屬於吐蕃的一部分，到了九世紀，才成為獨立部落，但境內寺院仍隸屬西藏各
大寺。一九五〇年底，錫金成為印度「保護國」。

虎穴寺沿著峭壁上下錯落興建，山道上朝聖者絡繹不絕。

蓮師曾加持哲孟雄成為聖地，而扎西頂（Tashiding，是地名也是寺廟名）就是整個聖地的中心，蔣揚欽哲確吉羅卓在扎西頂荼毗後，其金黃色舍利塔就建在寺旁佛塔林，其它聖跡還有蓮師親繪的自畫像，二棵從蓮師卡章嘎插下處長出的大樹和蓮師長壽洞等。

扎西頂是整個哲孟雄聖地的中心點，黃金色塔即蔣揚欽哲確吉羅卓舍利塔；白色超大塔是嘉春寧波舍利塔（蓮師二十五心子之一）。

四個蓮師修行洞分別位在扎西頂的東、南、西、北四方，因此，朝聖蓮師洞之前或之後，朝聖者大多也會到扎西頂朝拜。

南蓮師修行洞稱為「康卓桑埔」（空行密洞），距 Legship 約數公里，從公路往山坡下步行，約十分鐘下抵河邊，越過窄橋，有當地人視為金剛亥母加持水的溫泉可泡腳，再往裡走，有小寺廟，修行洞在一旁。

進洞後，走上石階是個大岩洞，往裡延伸則是象徵密輪的低矮狹窄通道，用手電筒一照，地面積水（雨季），不知深淺，我還在猶豫，一旁藏民已經涉水往裡走了，我也趕緊脫下鞋襪，捲高褲管，跟在藏民後面，彎腰往裡走，最裡側是蓮師修行室，供奉著蓮師石版畫聖像，洞頂有三處凹陷石痕，據說是蓮師法帽往上頂時留下的痕跡。

東蓮師修行洞稱為「霞丘北埔」（東隱密洞），位於 Ravangla，離開公路沿石階往下走約十多分鐘。從狹窄細長的入口進入後，空間稍寬廣，可能因為雨季，洞頂不斷滴水，蓮師法像被玻璃櫃保護著。地面全是不規則的石頭，滑溜難走，用手電筒往裡照，洞穴狹窄，深不可測，據說可通到另一座山。

另外的北蓮師修行洞和西蓮師修行洞都沒有公路到達，需請嚮導帶路，徒步來回要好幾天，困難度較高。而北洞即是拉尊南卡吉美取出伏藏《持明命修》（《山淨煙供》為其中一部分）的聖地。

蓮師親繪的自畫像（色彩乃後人所塗）。

當蓮師在西藏弘法圓滿後，觀察未來因緣，西南方有一食肉羅剎國，若不前往調伏，將會侵害南瞻部洲眾生，於是，他對王臣、比丘、瑜伽士、藏民、功德主……等不同對象給予最後教誨叮嚀後，融入雲霧虛空中飛往羅剎國，度化羅剎王的神識匯歸法界，自己再進入其身體，以羅剎王身份調伏羅剎眾生，廣揚密法，並運用神通把羅剎國轉化為鄔金淨土。

蓮師長壽洞離扎西頂不到半小時步程，可請寺廟僧人帶路。

南蓮師修行洞靠近河邊溫泉，洞外有一小寺廟。

蓮師南修行洞用閃光燈拍下這象徵密輪的通道，
左側岩石上的發光物，現場沒注意，至今仍不確定是何物。

蓮師南修行洞洞內供奉的金剛亥母石版畫聖像；
左側石壁上刻寫著蓮師心咒。

供奉在蓮師南修行洞密輪通道盡頭的蓮師石版畫聖像。

東蓮師修行洞入口狹窄，進入後稍寬，中央玻璃櫃內供奉著蓮師聖像。

一般認為蓮師居住在印度三千六百年（古印度將六個月稱為一年，故為一千八百年），傳法利眾。那麼，蓮師在吐蕃停留了多少年呢？眾說紛紜，最短的認為蓮師只停留了六或十八個月，也有認為三年、六年、十二年，最長的是岩藏法記載的一百一十年。後代學者推論，古時印度人將六個月稱為一年，岩藏法記載的一百一十年應該只相當於現今五十五年左右，這是比較被認可的普遍說法，也是寧瑪派承認的停留時間。

　　為什麼會出現「居住時間長短」的紛歧？主要因為蓮師在不同具緣者面前有不同的示現，例如在奸臣面前示現從印藏邊界山頂騰空飛離，其實一直安住在西藏青朴等雪山靜處，持續為有緣君臣傳授無上密法。

　　蓮師離開西藏時，承諾會不間斷以化身護持西藏人，並答應弟子及信眾，每月十日他將親臨雪域高原加持具信者。為了紀念緬懷蓮師以及祈請加持，每當藏曆初十，寧瑪派的寺廟，甚至其它教派的寺廟，都會舉辦蓮師薈供，尤其是每年一度的蓮花生大士誕生日（藏曆六月初十），更會舉辦大型法會、灌頂、跳金剛舞等。這項儀式已成為藏傳佛教傳統，也成為藏區百姓生活文化的一部份。

經常在藏區寺廟演出的蓮師八變藏戲，靠近鏡頭的是炒熱氣氛的小丑福神。

岡仁波齊神山轉山時最高點——卓瑪拉山口，海拔五六三〇公尺。
時為清晨，陽光逐漸照射到山口。

第 貳 部

大藏區蓮師聖地巡禮

從寬廣的角度來看，藏族「萬物有靈」的概念既是一種宗教信仰體現，也是一種西藏文化現象，無論是對山的膜拜，對湖的崇敬，萬物在藏人眼中都是神聖的。尤其當某地被第二佛蓮花生大士閉關加持過，那在藏人眼中就更加無比神聖了，普遍受到不分宗派、僧俗大眾的景仰與推崇。

依據《蓮花遺教》記載，蓮師停留在吐蕃時，帶著耶謝措嘉佛母等有緣眷屬踏遍了藏地每塊土地，蓮師曾明白指出一切殊勝的修行聖地，即使沒有大修行人在那裡修行，也會是空行母薈集的地方：「這些聖地中，身僻靜地是扎央宗，語僻靜地是桑耶青朴，意僻靜地是洛札卡曲，功德僻靜地是雅隆玻璃岩洞，事業僻靜地是門卡獅子宗。雅隆玻璃岩洞和青朴山就如同印度屍陀林一般，是修行的聖處。」

另記載「五溝一洲三地二十一雪山。中間香吉桑普溝，東部貢布地方有卷巴溝，南邊門隅陰山溝，西邊桂吉帕裏溝，北有吉傑郭瑪溝，東南方有白瑪洲，西南哲孟雄處女地，西北堪巴君處女地，東北隴松君處女地。念青唐古拉山、岡底斯山……等二十一雪山。凡我踏過的地方，都是修行的殊勝聖地。」

此外，還記載了依弟子根器高低，適合修行的聖地：「高徒修行的地方是桑耶青朴山、雅隆玻璃岩洞、扎耶巴達哇洞這三聖地；桑耶的昌珠寺和拉薩的大昭寺，同樣是修行神聖地，沒有一處不能得成就……，尤其是雅隆玻璃岩洞是修過甘露藥的地方，同圓滿密宗的烏仗亞那一樣……。中等徒弟和一般修行者應該前往雪山和處女地，在可供修行的山崖去修行，定能獲百倍成果。」

為了使後代人們堅信不移，蓮師和佛母也在各處留下不計其數的手印、腳印和身印。自那時起，所有這些修行聖地，持續都有精進的修行者進行閉關。

那麼，蓮師提到的這些修行聖地，今日是否都還存在並可前往朝聖呢？

若搜尋網路找尋「現存的蓮師修行聖地」，只有以下兩則資訊。

一則標註「蓮花生大士修道聖地」，列出十一處：

- 不丹的虎穴寺【最神聖的佛教寺廟】
- 尼泊爾的楊列雪【修大手印成就的修行洞】
- 尼泊爾的楊列雪【頭顱印修行洞】
- 印度蓮花湖【火燒七晝夜形成的聖湖】
- 西藏的青朴修行地【蓮師語僻靜地】
- 西藏的卡久神山【蓮花生修行加持聖地】
- 西藏墨脫縣仁青崩寺【蓮花聖地】
- 西藏的朱措白瑪林湖【蓮花生大士四大魂湖之一】
- 西藏的扎央宗溶洞【蓮師修行密洞「宗貢布」】
- 西藏德仲山【蓮師修行聖地】
- 山西的五台山【修道聖跡】

另一則標註「蓮師入藏，弘法事業」，列出八處：

- 桑耶寺【西藏弘法建成西藏第一座寺院】
- 絨布寺【西藏弘法建成世界最高寺廟】
- 佐欽寺【蓮師對佐欽寺的預言】
- 宗學寺【蓮師給宗學寺奠定了神聖又輝煌的基礎】
- 噶陀寺【第二金剛座】
- 彩虹寺和乃加瑪山【蓮師與彩虹寺及乃加瑪山的傳說】
- 措嘉的魂湖【蓮師四大魂湖之二】
- 亞青鄔金禪修聖地【蓮師授記】

這兩則記載被許多網站及部落格引用，但提出這些主張有何依據？是誰提出？都未見說明，只在文末提到資料來源：海生文化。

另外，《藏傳佛教寧瑪派聖跡文化研究》一書提出蓮師所建的重要修行聖地代表有四處，青朴修行地、查耶巴、曲沃日和扎央宗；並論述在崇佛之風盛行的赤德松贊時代，青朴、扎耶巴和曲沃日並稱為三大聖地，但三大聖地有時也指青朴、扎耶巴和雅隆協扎（玻璃岩洞）。

前述所提到的聖地中，除了卡久神山、仁青崩寺和朱措白瑪林湖，因屬西藏邊境，台灣人無法前往，其餘聖地本書作者全親自走過。

為方便讀者掌握地理位置，本書三十六處聖地將依行政區劃分，再依聖地名稱首字筆劃由少到多排列。

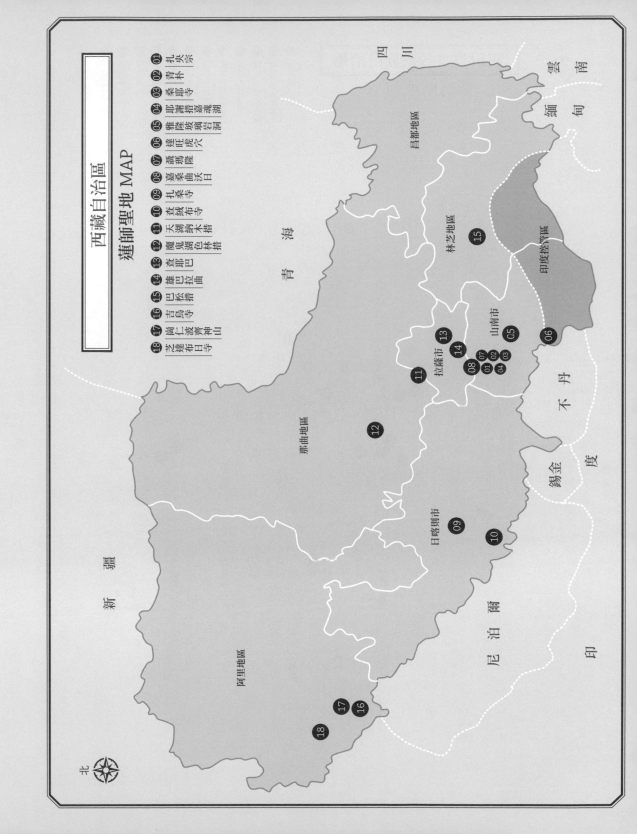

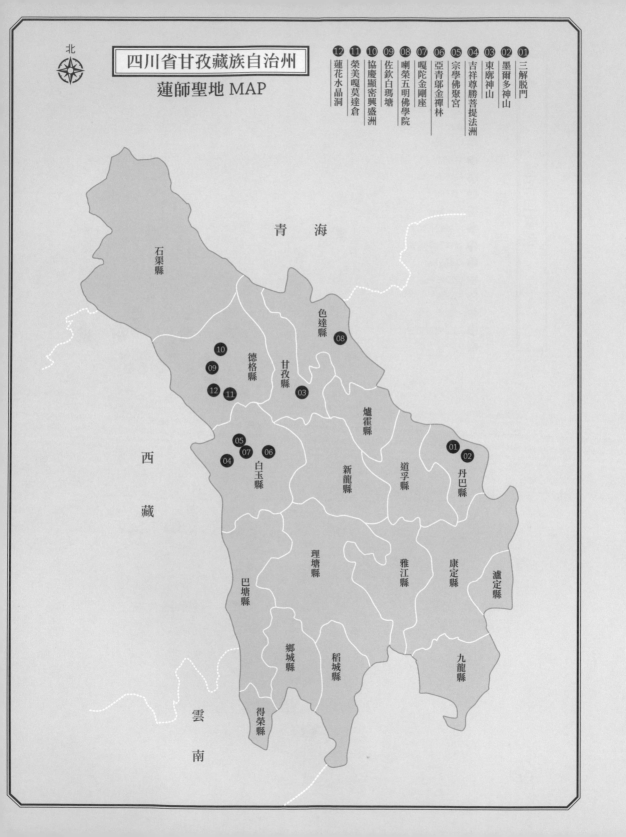

四川省甘孜藏族自治州
蓮師聖地 MAP

北

01 三解脫門
02 墨爾多神山
03 東廊神山
04 吉祥尊勝菩提法洲
05 宗學佛聚宮
06 亞青鄔金禪林
07 嘎陀金剛座
08 喇榮五明佛學院
09 佐欽白瑪塘
10 協慶顯密興盛洲
11 榮美嘎莫達倉
12 蓮花水晶洞

青　海

西
藏

雲
南

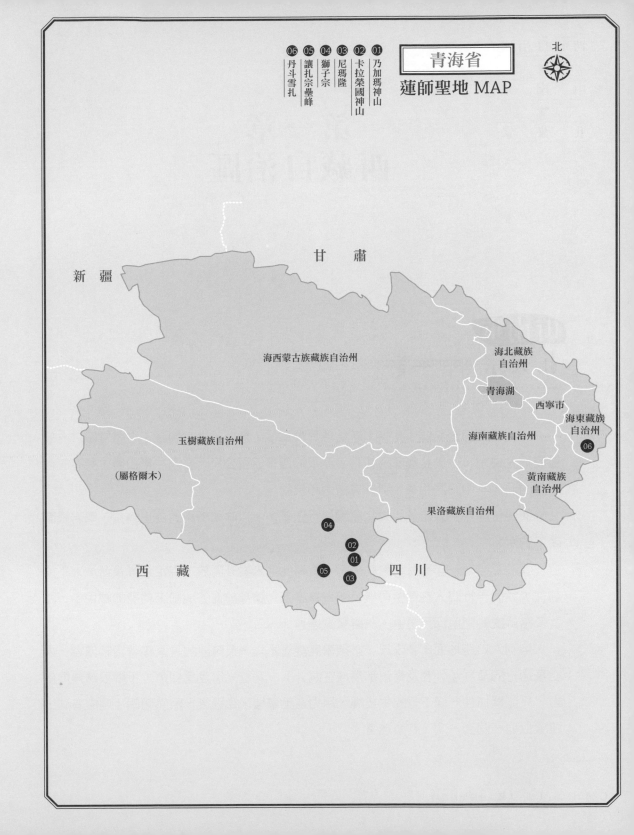

青海省
蓮師聖地 MAP

北

01 乃加瑪神山
02 卡拉榮國神山
03 尼瑪隆
04 獅子宗
05 讓扎宗璧峰
06 丹斗雪扎

新疆

甘肅

海西蒙古族藏族自治州

海北藏族
自治州

青海湖

西寧市

海東藏族
自治州
06

海南藏族自治州

玉樹藏族自治州

(屬格爾木)

黃南藏族
自治州

果洛藏族自治州

04

02
01

西藏

05

03

四川

第一章
西藏自治區

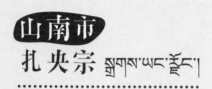

扎央宗 སྦྲག་ཡང་རྫོང་།

扎央宗藏語全名叫「扎央宗新結瑞貝頗章」，意即扎央宗閻羅王遊戲宮殿，一般都簡稱扎央宗。位於扎囊縣阿札村，海拔約四千五百公尺，岩洞在半山腰，共有三個朝南的洞，其中兩洞相通。洞外有僧舍和佛堂。

據說，蓮花生大士於扎央宗閉關修行三年多，以味如糌粑的白土為食，喝岩縫間滴下的水。

我於二〇一一年五月朝聖扎央宗，當時此地未對外開放，規定外賓及台灣人不能前往，我們一行四人在藏族司機及導遊掩護下，躋身於從各地前來朝聖的藏民中，隨著帶路解說的阿尼深入洞中，一路驚歎連連。

溶洞入口距地面十多公尺，必須攀爬陡直木梯，最驚險的是緊接著鑽爬僅容一人空身通行的窄洞（外套及背包都需放在洞外），洞壁光滑且呈仰角，手腳很難伸展使力，只能緊抓住一條下垂的牛皮繩，用力往上攀援，通過後，豁然開朗。洞中有洞，連環似地一洞套一洞，有如迷宮。

遠眺海拔四千五百公尺的扎央宗聖地。

穿行到一處，連接上下兩洞間，神奇地出現兩座歷史悠久的木梯，其中一座有二十一節長，代表二十一度母化現；另有一說，木梯是空行母從印度帶來的；或說是由蓮師神變放入的。無論如何，都令人嘖嘖稱奇，因為兩座木梯的長度和寬度都比鑽爬進入的窄洞大很多，人為方式絕不可能攜入。

　　蓮師修行洞是個小岩洞，進出困難，必需伸直身體，雙手趴地，慢慢地從僅容一人的岩窗爬進去；出洞時，同樣姿勢，反方向退出。

　　洞內供奉著蓮花生大士像，蓮花寶座旁有一下垂岩腳，滴水不斷。座下有類似糌粑的細白土（有人稱觀音土），我淺嚐一些，毫無味道，想到這就是蓮師在此閉關時吃了三年的食物，無限敬佩。

　　朝聖第一洞圓滿退出後，第二洞距第一洞不太遠，稱為新聖洞，據說是第四世多吉扎活佛化成一隻雄鷹打開的。在洞口頂上，還有一塊形似雄鷹展翅的凸岩遺跡。洞內潮濕，岩壁上有鐘乳石構成的形形色色奇觀。

　　第三洞其實只是一個岩石縫隙，據載第四世多吉扎活佛要打開時，隨從侍者擔心出事拉住活佛不放，因此此緣未成。

　　附近還有一座海拔四千八百公尺的宗貢布山，形似海螺的宗工布岩洞就位在半山腰，同樣是蓮師密修之處，屬於扎央宗聖地覆蓋範圍。洞深達三十多公尺，內有湍急的泉水，還有很多神奇傳說，根據記載這聖洞是蓮師騎著犛牛來打開的，犛牛角保存在昌珠寺。洞內最深的裡處，位於狹窄岩縫間，有個清澈的小湖泊，四周滿佈藏民丟獻的白色哈達，據說湖水一直通到雅魯藏布江。

溶洞口的白紅小屋即僧舍和佛堂，外物全需寄放在僧舍，空身入洞。

朝聖藏民正在攀爬十多公尺高的陡直木梯入洞。

被稱為新聖洞的第二洞。 洞內不可思議的二十一節長木梯。

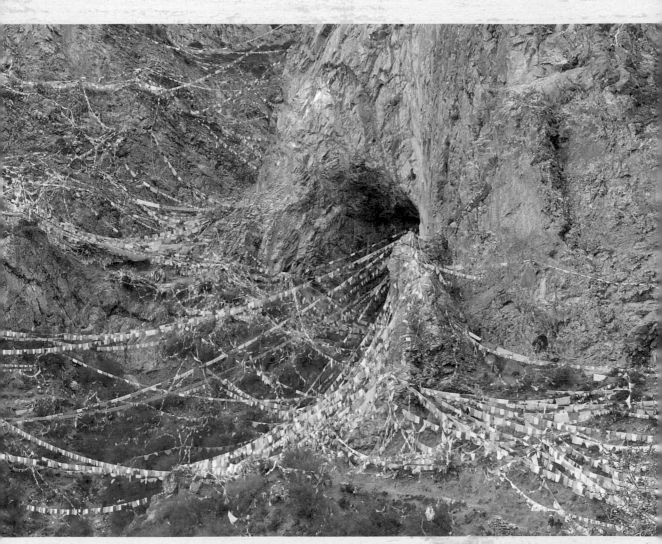

海拔四千八百公尺的宗貢布聖地，形似海螺。

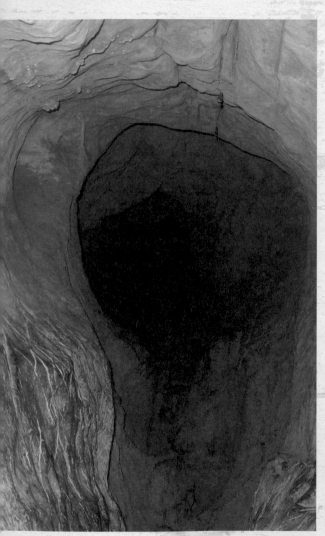

宗貢布洞內的無底小岩洞，
據說一直通到遠在澤當鎮的另一山洞。

洞深處有一小湖泊，以欄杆圍護，
兩名藏族婦女正彎身要丟獻哈達。

朝聖扎央宗時，從登山口徒步登高四、五百公尺，艷陽高照，我只穿薄排汗衣，進洞時，因入口狹窄僅容空身通過，背包寄放在小佛殿，結果在洞裡冷到發抖，參觀二個多小時後出洞，已受風寒，後轉為支氣管發炎，咳嗽劇烈。夜裡尤其嚴重，咳到滲尿；咳到五臟六腑彷彿要錯位；痰卡在喉嚨，無法呼吸宛如哮喘。整夜只能打坐或斜靠床頭休息。

這場病打亂了我原本要在拉薩待一個半月，於大昭寺前圓滿十萬大禮拜的計劃。

全身癱軟，頭昏腦漲，沒力氣作大禮拜，只能沿著大昭寺緩慢經行，宛如拖死屍似地，又像無根的浮萍向前飄浮，四周景像人物彷彿透明，錯覺我可以穿透他們，一切如在夢中虛幻不實。

走沒一會就疲累至極，背靠大昭寺前酥油燈房牆壁坐下，望著眼前青石板上此起彼落磕長頭的僧眾和藏民，心中無限感慨，我曾每三小時磕一千下輕而易舉，如今卻連一下都磕不了。

禁不住合十朝向寺內的釋迦牟尼十二歲等身佛祈請：很少生病的我，這回生病如此嚴重，是要我切身觀照無常與無我嗎？

想起上師教誨，遇到病痛折磨，要心懷感恩，因為今生有修行之故，讓該受的業報提早現前，受比較少的苦。

同時也才真實體會到其他遭逢同樣痛苦者的感受，生起強烈的悲心。

無法入睡的夜晚，我認真覺察自己正在經歷的痛苦，觀照自己的情緒、生起的念頭和身體上的感受。當劇烈咳到難以忍受時，我努力把痛和苦分開，肉體痛，但心不苦，觀想自己浮在半空中，以一個旁觀者，靜靜地看著那個正在咳嗽的我，不做好與壞的判別，只是看著，看著，一切「如是」，就是這樣～

山南市
青　朴 མཆིམས་ཕུ།

青朴是蓮師指示的語聖地，「青」指青氏家族領地，「朴」指溝頭，也就是山谷的最高部份。位於桑耶寺東北十五公里的山谷，《衛藏道勝跡誌》認為青朴是最殊勝的修行聖地，在赤松德贊時期就有二十五位修行者在此獲得大成就。

據說古代有一〇八個修行山洞，一〇八座屍陀林和一〇八處泉眼，尚有眾多未開發的伏藏。自古有蓮花生大士、耶謝措嘉佛母、寂護大師、吐蕃國王赤松德贊，以及大圓滿諸祖師，如毗盧遮那、龍欽巴尊者、吉美林巴等知名人物在此修行，還

從青朴半山腰俯瞰山谷和遠方雅魯藏布江；近處紅建築為阿尼寺。

有阿底峽和第三世大寶法王等。而且龍欽巴尊者在此發掘出寧瑪派的密法《空行心髓》。因此，對於想要獲得大圓滿成就的修行者而言，此修行地既殊勝又重要。

青朴後山還有西藏三大天葬台之一，所以青朴修行地與桑耶寺齊名，藏地流傳一句話：「到了桑耶寺不上青朴朝聖，等於白到桑耶寺。」

《蓮花遺教》中記載青朴地形似蓮花般展開，中央有寶幢一樣的小山，象徵蓮師「桑多巴瑞」（銅色吉祥宮殿），往上的半山腰有蓮師修行洞窟扎瑪格倉（紅岩洞），蓮師就是在紅岩洞設壇城，給予以藏王為首的君臣八人全部內外密灌頂，宏傳密宗法門。智慧本尊降臨時，大地震動，石窟內岩壁出現真實自顯的壇城，蓮師為有緣王臣們在此聖地轉了三年半法輪。

蓮師修行洞座北朝南，昔日蓮師只要跨步出山洞，即可俯瞰青朴山谷和雅魯藏布江。現今洞前已建寺廟，洞穴被包覆在寺內。

在蓮師修行洞內有見者得益三尊（蓮師與二空行母），是毗盧遮那和它米貢真為了利益未來眾生，取大海寶物阿仲沙質塑造成的，具有殊勝的加持力，能聚集三域空行母，有緣者能聽見或看見非人和空行母轉經的聲相。

管理蓮師洞小寺廟的喇嘛說蓮師在此修行

如寶幢似的小山頭，被視為蓮師銅色吉祥山。

洞閉關九年，洞內出現二十一度母、八大嘿嚕嘎等顯相。

從修行洞上樓梯，就是毗盧遮那修行洞，毗盧遮那曾在此閉關十二年。

洞前地面有塊一公尺見方的菱形石板，黑亮光滑。昔年，赤松德贊女兒貝瑪色（蓮花光）公主十七歲病逝，國王無比傷心，把遺體帶到紅岩洞，蓮師運用法力把公主神識引入遺體，公主復活後，蓮師賜予空行心髓的灌頂傳承，公主虔誠修行，弘法利生。石板就是安放公主遺體時自然顯現頭和腳印之處。

當時西藏諸鬼神向蓮花生大士顯神通坍方石山，蓮師入定吼一聲「吽」，平息亂石，自然形成了吽字顯現；蓮師又在魯度普（降伏龍魔洞）裡顯大鵬金翅鳥相，降伏了對西藏有害的諸神；在銅色吉祥山的巨石上現神通，印現二弓長的大腳印，另外還有頭印、手印等，並加持整個聖地為自然聖跡。

此處還有遍知者龍欽巴（無垢光）修行了三年的紅岩長久洞，在此處他親見了三根本諸本尊像芝麻盒打開一樣的奇特聖相，獲得大圓滿龍欽心髓的竅訣。後來事業圓滿時說「在別處活著還不如在此聖地死去」，而後圓寂，當時出現了大地震動等奇相。

另外，還有赤松德贊修行洞和耶謝措嘉修行洞，山頂有天葬台，在此淨化屍體者可關閉三惡道之門等。

眾多聖跡，無法列舉。桑耶寺內設有佛教文物請購處，有本小冊《桑耶青朴聖地指南》，由無畏洲（吉美林巴）和噶陀斯度所造，迦造喇嘛譯成漢文，詳細介紹了青朴聖跡，值得請購參考。

蓮師於銅色吉祥山的陡斜巨石上留下大腳印（塗成紅色處）。

這尊古老的蓮師石像位於銅色吉祥山旁的岩洞內（外已蓋成屋舍）。

蓮師頭印（金色係後人所塗）。

山腰上方紅白小佛殿即蓮師修行洞扎瑪格倉（紅岩洞）所在。

右側暗黑洞穴內就是毗盧遮那的閉關修行洞。

殊勝的青朴修行地，修行小屋佈滿樹叢、岩壁間的空地。

吉美林巴在青朴進行第二次三年閉關時，先於上釀氏洞親見龍欽巴尊者一次。後遷至此桑欽美多浦（大密花洞，或稱下釀氏洞，赤松德贊曾在此洞從釀・定增桑波得到龍欽寧提法門並禪修），於此又親見龍欽巴尊者兩次。

蓮師造「百塔」之一。

朝聖
扎記

朝聖過青朴四回,不同的季節,相同的感動與敬佩。

二〇〇五年五、六月我獨行大藏區近兩個月,那時管制較鬆(二〇〇八年拉薩「314事件」後趨嚴),台灣背包客不需請地陪,我隨藏民從拉薩搭朝聖大巴前往。

當時桑耶寺到青朴只有土路,我和十來位藏民共乘拖拉機,隨著拖拉機顛簸往上行駛,身體也上下左右劇烈晃動著,車輪多次陷進土裡,動彈不得,大家下車同心協力推車,灰頭土臉的一幕至今難忘。

拖拉機抵徒步入口,面對範圍廣大的青朴修行地,不知該如何走。同拖拉機上山的達娃夫婦,看我一人,藏語不通,讓我和他們同行。

達娃先生自拉薩司法院退休,用大陸話形容就是「水平很高」,他一路為我翻譯講解。山路分歧,沒有標誌,繞行像在走迷宮,幸而達娃先生以前來過,猶有印象。其中一些著名的修行洞,外面都修建屋牆及門框隱藏,託達娃先生

藏族身份之福,才得以讓屋內修行人開門讓我們進入朝聖。

在這裡修行的人,男女老少都有,不分教派(以寧瑪派居多),有的住在怪石嶙峋的天然石洞內,有的自建小木屋或石板屋,有的就在空地搭帳篷。

每個修行洞(或小屋)外都有編號,我看到的最大數目是一百一十八,表示至少有一百多人在此修行。就我每次進入的修行洞小屋而言,通常內部空間的擺設都以壇城為主,其它大多只有一張小床;有些空間狹窄,只餘打坐空間,顯然整夜不倒單(不躺下睡覺);有的只是在地面鋪上一小塊毯子或藏式卡墊,打坐兼休憩。生活必需品簡單幾樣堆在角落,看得出物質需求已降到最低。

初訪青朴聖地時,我還未修學藏傳佛教,但青朴卻深深觸動我心,當時曾寫下自己的感動,如今回看十多年前寫下的文字(原載《聽見西藏──在雪域遇見自己》一書),依然是相同的感動:

修行者到了這塊修行聖地，就像是一粒塵埃落入了大地，一滴水珠融入了江河大海，在諸佛菩薩、龍天護法圍繞庇佑下，世俗計量的時間消失了，沒有過去也沒有未來，就是在每一個當下精進用功。

這塊聖地是具有生命的，它彷彿正輕微的呼吸著，帶著一種溫柔鬆軟的韻律，而在溫柔鬆軟中，又高鼓著一種隱秘的湧動，是因為自古以來許多虔誠修行者，將他們的一生都淬煉進這塊聖地的緣故吧！

此修行洞內有空間設置壇城，供奉蓮師與兩位佛母，其它修行洞大多狹窄，只能供奉簡單佛像，修行者連躺平位置都無，只能不倒單修行。

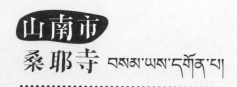

山南市
桑耶寺 བསམ་ཡས་དགོན་པ།

　　桑耶寺位於扎囊縣境內雅魯藏布江北岸，具有一千二百多年歷史。八世紀時，吐蕃王赤松德贊迎請大經教師寂護大師和顯密通達的大成就者蓮花生大士入藏，三人合力建成。建成後，赤松德贊從印度及中原邀請高僧前來譯經傳教，並挑選了七名貴族青年剃髮為僧，從此，桑耶寺成為西藏佛教史上第一座佛法僧三寶俱全的寺廟，更是藏傳佛教的主要發源、傳承、弘揚地。各教派都承認桑耶寺是西藏第一寺。

　　可以說，如果沒有赤松德贊、寂護大師和蓮花生大士三位修建桑耶寺；沒有制定出家軌範；沒有弘揚佛法，那麼就沒有現在的藏傳佛教，因此三人被尊稱為「師君三尊」。

　　桑耶寺係仿照印度古寺烏旦達波日（飛來寺），建有律藏傳規的經堂，經藏傳規的大壇城，論藏傳規的須彌山。以烏孜大殿為主體，代表須彌山，環繞著烏孜大殿四周，分別建有象徵四大部洲、八小洲及日月的佛殿，組成龐大的建築群，最外面四周圍牆呈橢圓形，牆高三公尺多，牆上布滿小佛塔千座，四角建有紅、白、黑、綠色四座大佛塔，相映生輝。

　　中央主殿烏孜大殿的結構非常特別，三層三樣式，底層為西藏風格，中層為漢地風格，上層為印度風格，是一座揉合三種風格於一體的稀有建築。

　　由於寧瑪派沒有領導全教派的中心寺院和政治勢力，桑耶寺曾被薩迦派統治，並派僧人住寺，此後就形成了寧瑪、薩迦兩派共處一寺的局面。今日由寧瑪、薩迦、格

西藏第一座佛法僧俱全的寺廟——桑耶寺全景。

魯三教派主持，儀式方面不分主次，三教派享有平等權力。

桑耶寺的「如我一般」蓮師像，由王子牟尼贊普塑造，造好後，傳說蓮花生大士曾說：「如我一般」。一直放在桑耶寺，文革時被破壞，現在看到的是後來重塑的。

蓋有降魔印章的黃色長布條是信眾朝聖桑耶寺時必請的寶物，此降魔印章係蓮師伏藏於雅隆玻璃岩洞修行地而被取出的，一旁壁上掛有說明牌「持此印章可破種種障礙，無復橫死，亦復不為諸惡鬼侵擾。」

烏孜大殿大門正廊上掛著一口千年唐式古鐘，是西藏歷史上鑄造的第一口銅鐘，鐘上銘刻藏文紀念赤松德贊妃子帶領三十名貴族婦女削髮出家，成為西藏史上的第一批尼姑。

桑耶寺內有精美絕倫的壁畫，記錄著蓮師弘法的故事。此外，還有許多鎮寺之寶，例如：蓮師腳印、蓮師在堆龍雄巴敲取泉水所用的手杖、蓮師天鐵金剛杵、蓮師迎請到此的綠松石釋迦牟尼佛像、蓮師賜予白哈爾神之內藏大師七根頭髮的純金製佛盒、寂護大師具加持力的頭顱、蓮花戒具有神力的手杖、咒師貢噶仁欽擤鼻巾做成的具加持法螺……等，全收藏在一間上鎖的珍寶室玻璃櫃內。

桑耶寺四周圍牆呈橢圓形，牆高三公尺多，牆上共有上千座小佛塔。

烏孜大殿是一座揉合三種風格於一體的稀有建築。

黑塔（名涅槃塔）和象徵四大部洲之一的建築。

| 上

主尊為三世諸佛加持過的石質釋迦牟尼佛，左右掛著頂果欽哲仁波切和薩迦法王的法照。

| 左

蓮師伏藏於雅隆玻璃岩洞修行地的降魔印章，蓋在黃布上讓信眾請購。

| 右

舊壁畫白雄雞傳說是桑耶寺護法神白哈爾化身，昔日桑耶寺半夜失火，白雄雞高聲啼叫，驚醒僧人起床救火，寺廟和僧眾才逃過一劫。

蓮師如我像（舊塑）

།པདྨ་འབྱུང་གནས་ངག་མ་བཀོད་བྱས།

蓮花生大师（如我像）
Pad　　havaimageResaces

如我一般蓮師像（或稱如我像）。

山南市
耶謝措嘉魂湖 མཚོ་རྒྱལ་བླ་མཚོ།

　　耶謝措嘉是蓮師的佛母，也可說是蓮師最主要的弟子，蓮師將自己所遍知的一切完整傳給她，經過修習她證得最高成就，蓮師曾說她「與吾等同者」，她於藏地待了二百多年，使佛法顯密教授在西藏源流不息。

耶謝措嘉誕生在扎央宗山下村落，出生時面積增廣的小湖依然存在。

　　在《耶謝措嘉佛母密傳》中，耶謝措嘉述說在常啼聖者住世時，自己是商人之女，和另外五百名女孩一起到聖者那兒聽法，接受佛法教誨，發願獻身成佛之道並得證不退轉位。那生終了後，她遊歷於法界佛土之中，又化身為恒河女神，在釋迦牟尼佛尊前受持教誨，後來返回佛土，名為妙音

小湖四周以水泥築堤，湖面上方拉支架覆網保護，防止落葉飄入，
但湖水看似已氧化，遍生浮萍。

湖旁有座阿尼寺廟，耶謝措嘉童年留下的腳印石就供奉在寺中。

天女。

到了赤松德贊時代，她是文殊菩薩化身，邀請蓮師入藏，與寂護大師三人共同圓滿了桑耶寺和其他寺廟的建立，佛法如旭日之光照耀吐蕃。

蓮師自忖：「現在是妙音天女示現一個化身的時候了，而我方能流布密續教法。」於是，耶謝措嘉依吉時而示現人間應化身，將出生於喀欽札，這是當時藏王所管轄的小邦國，全國信佛學佛。

某夜，國王和王妃各自作了奇異殊勝的夢，然後，大地震動，天空雷電閃光交織，忽然霹靂一聲宛如地裂，王宮附近湧現一座小湖，王妃受孕了。

九個月後，王妃在沒有痛苦的狀態下生下公主，一道虹彩高掛王宮上方，空中傳來各種樂器演奏聲，花雨由天而降，王宮附近的小湖面積增廣，湖面出現各色奇妙花朵。

由於公主出生時，小湖面積增廣，因此取名為措嘉（大海的意思）；而該湖泊是王妃受孕時自然化現的，因此就被稱為措嘉拉措——措嘉的魂湖。

措嘉長大後，美如天女，見者無不喜愛。鄰近幾個小邦國都來求親，她父王只得制定比賽規則，勝者可得到她，但她一心向佛，不願出嫁，逃入山中，以果實充饑，沒多久被敗國軍隊找到，強行把她帶回，勝國獲悉後前來要人，戰爭一觸即發，赤松

德贊得知此事，便納措嘉為妃，化解爭端。

在赤松德贊眷顧下，耶謝措嘉虔心修佛，並得到全藏最優良的師資指導學習五明（聲明、因明、醫方明、工巧明和內明），無論世間法或出世間法都表現傑出。後來藏王將她供養給蓮花生大士，成為蓮師佛母。

由於她證得了不忘總持陀羅尼成就，能夠憶持蓮師所傳的無量法門，蓮師指示她將諸多法門伏藏於各聖地，以利益未來修行者。

蓮師曾授記佛母耶謝措嘉此生有兩百年用於饒益藏地有情眾生，當她佛行事業圓滿要飛往蓮師剎土時，對弟子唱誦了自己在藏地的一生：

「十三歲時，我成為帝王之后；十六歲時，上師的慈悲擁抱了我；二十歲時，我接受完全的灌頂並修苦行；四十歲時，我和上師之心融為一體；六十歲時，我傳播經典並擴增僧團；七十歲時，我發現了實相的自性；八十歲時，蓮師離開去了西南方；九十歲時，我如如地親見實相的體性；一百歲時，我的明知達到極勝圓滿；一百二十歲時，我成為帝王的國師……；一百五十歲時，我岩藏寶藏並利益他人……。現在二百二十一年過去了，對西藏必定造成足夠的保護了。我現在離開似乎表示我們的分離，但請不要沮喪，朋友們！以透徹和專注力祈禱，將自己沉浸在大圓滿純淨的潛力中，因為除此之外，沒有其他方法可超越存在的悲劇。大圓滿的教導是鄔金蓮師的心血……，修行它並成就悉地。」

山南市
雅隆玻璃岩洞 གཡར་ཀླུང་ཤེལ་གྱི་བྲག་ཕུག

雅隆玻璃岩洞是蓮師授記的修行聖地，藏民慣稱「雅隆雪扎」，位於乃東縣雅隆山谷西側山上，海拔四千多公尺，雪扎是藏語，意思是玻璃之類透明晶石的岩洞，因為洞內地面是青黑色石質，有如打磨過似的光滑，所以一般都稱為雅隆玻璃岩洞或雅隆水晶洞。

白色房屋內即雅隆玻璃岩洞。

蓮師曾授記：「雅隆雪扎是修過甘露聖藥的處所，這地方就如同圓滿的烏仗那聖地一般，有奇異殊勝的修行洞窟，有寂靜與忿怒本尊的神殿，是西藏民眾所最崇敬歡喜的洞窟。在這裡修行具有八種功德，這些聖地不曾有外道前去。在岡底斯山和札日松布溝及其他的聖地都具有殊勝功德，但均不及雅隆雪扎。而雅隆雪扎和青朴就如同印度的屍陀林一般，為修行聖地。」

　　西藏佛教前弘期時，雅隆雪扎和查耶巴、青朴並稱為三大修行要地。蓮師不僅在此修行過，還埋下許多重要伏藏。一三五四 年，有瘋伏藏師之稱的鄔金林巴，便是在此發掘出《蓮花遺教》（耶謝措嘉佛母撰寫的蓮師傳記）等重要歷史文物。

　　鄔金林巴是蓮花生大士授記的掘藏師，蓮師曾對牟德贊普說：「大王！請你喚拉傑王子過來，這位王子生生世世以來一直受到我的加持，我現在要把雅隆的伏藏交給他。在過去世時，王子曾示現為沙河爾國的國王，由於慈悲之故，並為了攝受與利益一切眾生，未來他將連續出生十三世，並在第十三世成為掘藏師，那一世他名叫鄔金林巴。這位化身，宛如滿月一般光明，將發掘出二十八種伏藏。」

　　而聞名全藏的「如我一般」蓮花生大士聖像，最早也是供奉在雅隆玻璃岩洞內的壇城，後來才轉至昌珠寺供奉。

　　雅隆玻璃岩洞內不准照相，裡面有個小壇城，壇城前只有一小塊空間，一塊斜斜的大石壁，洞上方及左右側全都是光黑油亮的岩壁，滿佈自然顯相的各式各樣佛像及嗡啊吽等藏文種子字，還有一把開啟伏藏的鑰匙，全被塗上金箔粉，在光黑油亮的岩壁上閃閃發光。最右側還有蓮師腳印和他坐騎的腳印。

| 左
抵達雅隆雪扎之前的最後一段陡坡，海拔高，
每個朝聖者都緩慢上行。

| 右
年輕母親一路辛苦揹小孩上山，再走幾步便
圓滿了。雅隆雪扎就在左側門內，門柱紙張
寫著「請勿拍照」。

| 下
上山難，下山也不易，一路陡下，幸好建有
階梯和護欄。

下山一小段後回看雅隆雪扎。

山南市
達旺虎穴

　　二〇一三年，為了寫《六世達賴喇嘛倉央嘉措傳奇》一書，我特地申辦北印度阿魯納恰爾邦的 PAP（Protected Area Permit），前往倉央嘉措出生地達旺收集資料及拍照，並安排朝聖同屬達旺地區但靠近北方邊界的兩大聖地：果桑佛塔和達倉（藏語，意指虎穴）蓮師修行聖地。這一帶的居民自古到今全都虔誠信奉寧瑪教義，而且擁有非常古老的瑜伽法脈傳承。

　　《蓮花遺教》中記載：「五溝一洲三地二十一雪山。中間香吉桑普溝，東部貢布地方有卷巴溝，南邊門隅陰山溝……。都是修行的殊勝聖地。」其中，門隅指的便是達旺一帶。

　　達旺是藏語發音，達是馬的意思，旺是灌頂的意思，合為馬頭明王（本尊）灌頂處。

　　達旺原屬西藏山南地區錯那縣，一九一三年，於印度西姆拉召開中英藏三方代表會議時，英國印度殖民政府威脅利誘西藏噶廈政府代表，簽定新的印藏分界線（即麥克馬洪線），從此，西藏的錯那、隆子、墨脱、察隅四縣南部大部份及朗縣、米林兩縣小部份均劃入印度領土，後來被印度政府設為阿魯納恰爾邦。

　　從達旺先共乘每天固定往來各鄉鎮的私人吉普車，到吉美塘（Zemithang）後，再單獨包車來回位於偏僻山區的達倉聖地，達倉所在海拔約三千六百公尺，有間小

小的蓮師吉祥宮殿建在路旁，以它為中心，上方山頂有蓮師閉關修行洞，下方山坡直到江邊的大片山林則全是蓮師加持過的聖地。

　　蓮師吉祥宮殿內有許多古老佛像，第一層蓮師八變；第二層十一面千手千眼觀音、十四世達賴喇嘛法照和古老的蓮師佛像等；第三層有尊開口講過話的無量壽佛。站在寺廟頂層，三百六十度展望極佳，來時的之型山路一覽無遺，往北望，越過高山便是西藏境內。

　　當地寺廟有本朝聖小冊子，編號說明山坡下方由蓮師加持過的所有聖跡，共有六十處，因為分佈範圍廣潤，不易圓滿走遍。隔年我隨上師朝聖，再度來到達倉聖地，但即使我前後來過兩回，依然未圓滿六十處聖跡。

從下往上爬升這段髮夾彎後，達倉蓮師聖地便到了。

小小的蓮師吉祥宮殿的左斜上方山頂有蓮師閉關修行洞，右斜下方的大片山林全是蓮師加持過的聖地。

長壽聖水位此狹窄岩壁內，必需拉繩下降。

殿內的古老蓮師聖像。

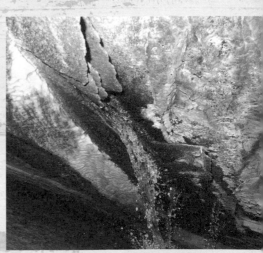

岩壁底部，清澈的長壽聖水自壁縫不斷湧出。

小洞穴底部佈滿高高低低的小石柱，能爬行過洞者可淨化業力。

岩壁上有一小洞，據説具緣者可聽到神奇法音；隊首喇嘛正低頭貼住岩壁傾聽。

從巨石左下方可進入中間那道橫裂隙，若能順利走到右側，表示業力清淨，
中陰時不會有障礙。神奇的是：瘦者不一定比胖者容易過。

　　去達倉蓮師聖地之前，先拜訪了六世達賴喇嘛倉央嘉措出生的小屋。十一世紀時，寧瑪派大師在這裡建立了烏金凌寺、桑結凌寺、措吉凌寺和達旺寺，由於寧瑪派在某些方面與門巴族原始信仰相似，門巴族比較容易接受，因此，寧瑪派在門隅一枝獨秀。

　　後來格魯派誕生，十六世紀中期形成強大教派，十七世紀，五世達賴喇嘛派梅惹喇嘛到門隅弘揚格魯派，將達旺寺予以擴建，改成格魯派，成為門隅地區最大的寺院，而門隅地區以達旺寺為中心的這一帶也改稱為達旺地區。

　　倉央嘉措出生的小屋，僅一牆之隔就是寧瑪派小寺廟烏金凌寺，我們進入時，有喇嘛在誦經修法，兩側寺壁掛滿第一世到第十四世達賴喇嘛的大唐卡法像，寺廟雖小卻收藏了不少寶物，有倉央嘉措的腳印、頭印和十四世達賴喇嘛的手印，還有倉央嘉措父母的唐卡畫像，無比珍貴。

　　參觀結束走出寺廟，我順口問載我們前往的藏族司機：

　　「烏金凌寺目前有多少位僧人呢？」

　　「沒有僧人。」

　　「啊，沒有僧人？那平常都關著嗎？」我大吃一驚。

　　「對，平常都上鎖。今天剛好是藏曆初十蓮師薈供日才開門，他們是格魯派僧人，奉十四世達賴喇嘛指示每月蓮師薈供和空行母薈供都需來此修法。你們很幸運，剛好今天來。」

　　我心中頓時升起無限感恩，感到不可思議的好福報，我相信這也是自己長久以來每日持誦二十一遍〈蓮師七句祈請文〉種下的因緣，否則，我們事前不了解這裡狀況，也沒翻查藏曆，怎麼可能不早不晚，恰好就是在蓮師薈供日的今天來到呢！

　　我信心泉湧，禁不住念誦著蓮師心咒〈嗡啊吽，班雜咕嚕貝瑪悉地吽〉。同時想到剛剛擔心旅費不足，只供養了五百盧布，頓時心生慚愧，返身脫鞋，再度進入寺廟供養。

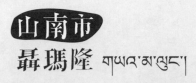

山南市
聶瑪隆 གཡར་མ་ལུང་།

　　從桑耶寺往北沿著山谷前行，約二十多公里可抵聶瑪隆（註1），海拔四千一百公尺。步道入口有個大停車場，來此朝聖的藏民非常多。

　　昔日蓮師為了使藏王赤松德贊延年益壽，曾於此地閉關，開啟無量壽佛壇城，在寶石鑲嵌的長壽瓶內盛滿甘露水，修行一個月後，無量壽佛身似彩虹出現在寶瓶上，此地因而成為聖地。同時這裡也是蓮師傳無上密法給二十五弟子及為八大弟了說法的聖地，更是蓮師隱藏許多重要經典之處。

　　另外，據說五世達賴喇嘛也曾在此洞誦《長壽經》，達十四個月之久。

　　因此，人們相信，朝拜此修行聖地可以為白己及親人延年增壽。

　　從步道入口到蓮師修行洞，步程約半小時，滿佈聖跡，有空行母之眼、蓮師寢室、蓮師腳印、自然顯現的藏文字等，途中有叉路前往長壽聖水及被稱為師君三尊（蓮師、寂護大師和赤松德贊）的三棵聖樹及岩壁自顯師君三尊。

　　修行洞前方建有一座大殿和供奉蓮師八變的小殿堂，要到修行洞需先進入大殿。朝聖時恰好有阿尼在修法，原來這裡有十三位阿尼長駐。

註1：依藏語發音，應唸「耶瑪隆」，但不知為何入口指示牌寫成「聶瑪隆」。

聶瑪隆位於陡峭山壁上。

大殿一角即蓮師修行洞，一位阿尼為我們解說昔年蓮師在此洞閉關四年（另説一個月）修長壽法，長壽佛在石壁上顯現，後轉成目前看到的藏文啥 字。壁上另有許多自顯的藏文字和綠度母像，並有蓮師留下的手印，深陷壁中。

出了大殿，沿階梯往上，坡上有一山洞是毗盧遮那閉關洞，前方建了水泥牆圍住，有道小門上鎖，從窗戶空隙往裡瞧，洞中有個小玻璃櫃，供奉著蓮花生大士和毗盧遮那的法像。

從寺廟前方沿著山腰往後山走，還有一處耶謝措嘉佛母的閉關修行洞。

小寺廟殿堂右側即昔日蓮師閉關修行洞。

洞壁上方留有蓮師手印。

蓮師寢室。

蓮師腳印（畫紅圓圈處）。

長壽聖水從小石窟中湧現，壁緣有隻自然形成
的小石龜。

此三棵樹因同一樹根，被稱為「師君三尊」。 岩壁自然顯現的「師君三尊」（金色係後人塗
上）。

山南市
嘉桑曲沃日

在《移喜措嘉佛母密傳》一書中，描述了蓮師弟子的數量，共計「耶巴的八十位虹光身成就者、曲臥山的一〇八位大修行者、扎央宗的三十位密咒師、協扎（雅隆玻璃岩洞）的五十位證悟者……。」

很明顯地，規模最大的是曲沃山，意為「河水山」，相傳因山上有泉水一〇八座而得名，藏語稱為「曲沃日」，日為山的意思，或稱「嘉桑曲沃日」，嘉桑意思是鐵橋，係因湯東傑布曾在附近建鐵索橋而得名。

嘉桑曲沃日神山海拔約四千公尺，位於山南市貢嘎縣境內，北臨雅魯藏布江岸。早在吐蕃時期，牟尼贊普妃晚年於此修建了一座曲沃日寺，屬寧瑪派，不幸於朗達瑪滅佛時被毀。

在眾多聖地中，曲沃日聖地與眾不同，係蓮師降伏茹扎魔王時，因其身軀分裂散落各處，形成八大屍林，被蓮師加持成為修密聖地之一。

早在松贊干布修建大昭寺時，文成公主進行堪輿後表示藏區將要出很多成就者；其中有猶如寶物層疊的殊勝聖地曲沃日，如在此山修持便能提高覺悟。

赤松德贊修建桑耶寺時也曾授記，包括桑耶在內的藏區四大聖山中，曲沃日猶如層疊的寶物，將有很多成就者於此出現。

據載，蓮師曾從桑耶寺以大鵬鳥的姿勢飛到此地，留下大量聖跡，並指示此地是非常殊聖的修行聖地。

位於山腰的次久珠德寺（次久意思是長壽甘露）屬格魯派，係新建，寺中喇嘛介紹聖地時再三強調此地為蓮師修長壽法的三大聖地之一，非常殊勝。

昔年蓮師為消除赤松德贊壽命障礙，在青朴紅岩洞和聶瑪隆都修過長壽儀軌，在為贊普進行長壽灌頂時，惡臣阻擾，蓮師便將長壽水伏藏於各地，並將一寶瓶扔往西方，空行在空中接到後，把寶瓶存放於此地，後就有曲沃日神山中藏有無死水之說。

今日前往嘉桑曲沃日朝聖，於 101 線公路約七十四公里處，有指標往次久珠德寺，彎進只容小巴的鄉間窄路後，上行沒多久，便可抵寺廟。從寺廟後方往上攀爬，約一小時抵達蓮師修行洞（海拔近三千八百公尺）。

嘉桑曲沃日聖地山體龐大，原本聖跡眾多，設有寧瑪派寺廟，朗達瑪滅佛時遭毀，現今所見半山腰的寺廟係格魯派次久珠德寺。

山溝對面山腰有轉山道，徒步繞行嘉桑曲沃日神山一圈約需六、七小時，據說轉經道旁也有蓮師腳印。

蓮師修行洞位於此巨石後方。

蓮師修行洞入口狹窄；岩洞外側頂端設有一小煨桑台。

|右
蓮師修行洞內以岩塊堆疊成壇城。

|左
蓮師修行洞附近有一佛塔供人經行繞轉。

|下
前幾百公尺外，單增師傅所在岩石堆下方即耶謝措嘉修行洞，不知為何洞口被以石塊封住，只留一小空隙，無法進入朝聖。

日喀則市
扎桑寺 བཀྲ་བཟང་དགོན་པ།

　　扎桑寺位於昂仁縣桑桑鎮，距縣城二十六公里，是早期寧瑪派的重要寺廟，已有一千多年歷史。八世紀，蓮花生大士在山南建桑耶寺後，和佛母西行弘法，經過此地，在此閉關七天，留下腳印；十五世紀著名的大師湯東傑布也曾在此地修行三年。扎桑寺因此成為聖地。

　　寺廟始建於十六世紀，寺主從第一世傳到現在已是第二十世，都是父子相傳。據說創寺的第一世仁增袞頓是蓮花生大士化身，出生時，頭上有三根雄鷹羽毛，母親把它拔掉，立刻又長出來，再拔還是再長，因此取名仁增袞頓（袞頓是藏語羽毛的意思）。他曾發掘出

從 219 國道北望，山勢陡峻，扎桑寺的中拉康和上拉康看似高不可攀。

正面看扎桑寺，左側下拉康地形像烏龜，往上就是龜背，中央最高處即上拉康。

不少伏藏,彙集在一起成為所謂「北伏藏」,其中有「堪卓寧提」(空行心髓)等,後成為寧瑪派的重要法門。

扎桑寺共有三組建築,分別建在略呈東西走向的山頂、半山腰和山下,下拉康(佛殿)海拔四五三二公尺;中拉康海拔四八七〇公尺;上拉康海拔五千公尺。由低至高,藏語分別稱為「朱古」、「隆古」和「曲古」,意思就是化身、報身和法身。最低處的地形像一隻烏龜,往上就是龜背。

中拉康主供蓮花生泥塑像,高十多公尺,佩掛各種金銀飾物,傳說此像曾兩度開口說話,被奉為鎮寺之寶;另一尊石佛像高約半公尺,傳說是蓮師當年攜帶至此的。此外還供奉歷代寺主肉身(經防腐處理後刷金箔或泥漿保存)。

上拉康主供如真人大小的蓮花生大士泥塑像,還供奉觀世音等泥塑佛像,這些佛像內部裝臟有蓮師從印度帶來的各種寶石與礦石。

朝聖時,住在下拉康一旁樓房的現任寺主,熱心帶我們參觀他家壇城上各種寶物,並以一塊厚實的腳印石為大家摩頂加持,我本以為是蓮師腳印石,結果是第一世寺主仁增袞頓的腳印,至於蓮師腳印保存於上拉康。

實在很想爬上中拉康和上拉康親睹蓮師聖物,但一來時間不太夠,二來同伴都不想徒步登高,我只能抱憾離開。

創寺者第一世仁增袞頓留下的腳印。

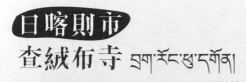

日喀則市
查絨布寺 བྲག་རོང་ཕུ་དགོན།

　　一般所說的絨布寺，都指位於定日縣巴松鄉南面，珠穆朗瑪峰北坡絨布溝末端「卓瑪」（意指度母）山的新絨布寺（或稱下絨布寺，海拔五一五〇公尺），事實上，絨布寺分新舊兩處，舊絨布寺（或稱上絨布寺）位於新寺以南三公里，距珠峰大本營四公里，才是世界上海拔最高的寺廟。

　　藏民慣稱舊絨布寺為查絨布寺，查指岩石，絨布指很高的山。八世紀，蓮花生大士曾在查絨布寺所在的天然岩洞閉關修行，後人為了紀念蓮師，以岩洞為中心建了座小寺，後因山崩，幾乎全毀。

　　一八九九年，寧瑪派喇嘛阿旺丹增羅布在離舊寺約三公里處建了新寺廟，稱為絨布寺，阿旺丹增羅布也成為絨布寺有明文記載的第一任住持。一度曾規模龐大，有十幾座屬寺，有些還位於尼泊爾境內。

　　今日在查絨布寺還保存著蓮師閉關洞及手印、腳印，閉關洞為地下洞穴，洞口與地面平行，大小僅容一人，雙手沿著兩側突兀的石壁往下，進入狹窄洞穴，洞內供奉著蓮師法像、石版畫像和唐卡，蓮師腳印、忿怒手印、慈悲心手印（兩手印併列象徵忍辱）及印度飛來的鴿子身印，就在石壁上。

新絨布寺海拔五一五〇公尺。

帳篷區一側岩峰崢嶸，頂端最左側獨立石像被視為是守護眾生的蓮師。

無論是新舊絨布寺，除了是藏傳佛教徒心目中的崇高聖地外，也以「觀賞及拍攝珠峰的絕佳位置」著稱。登上寺廟高處，可以清楚地看到海拔八八四四公尺世界最高峰就在不遠處，淡定地和寺廟對望著。

　　珠穆朗瑪峰（簡稱珠峰），西方國家慣稱為埃佛勒斯（Everest），以紀念英國占領尼泊爾時測量喜馬拉雅山脈的測量局局長喬治埃佛勒斯；藏人慣稱珠穆朗瑪，意思是「大地之母」，由這兩個名稱也可看出全然不同的民族性。。

　　自古以來，藏族奉珠峰為神靈。元代時期的藏文名著《紅史》是最早提到珠峰的文獻，珠峰地區在書中被稱為「拉齊」，那一帶的雪山被稱為「拉齊崗」（崗指雪山），並以「次仁瑪賓阿」（長壽女神五姐妹）尊稱珠峰和附近四座雪山。書中還記載了密勒日巴在拉齊崗一帶山洞修行九年的事蹟。此外，《蓮花遺教》也稱珠峰地區為「拉齊」，稱珠峰為「拉齊次仁」，次仁是長壽的意思。

　　藏民認為珠穆朗瑪峰和周圍的四座雪山各住著一位女山神（或說住在珠峰下的五座冰雪湖泊），統稱為長壽五天女或長壽五姐妹。她們騎乘不同動物，騎雪獅的天女掌管人類生命；騎老虎的天女負責世間農田；騎龍的天女掌管人間牲畜；騎馬的天女負責智慧；騎鹿的天女負責人間財富。藏族民間傳說珠峰就是騎雪獅的女神。

　　五天女本是苯教的原始神靈。蓮師入藏時，她們想以神通壓服蓮師，發動十八種天魔、丹瑪女神、山神與鬼神眾，幻化出可怖的形貌與神力，但還是被蓮師壓伏於掌下，立下三昧耶誓願，永遠服從蓮師命令，加入護持佛法行列。

查絨布寺位於左側小山丘上，海拔比新絨布寺高。

| 上
上側三座岩峰代表金剛手菩薩、觀世音菩薩和
文殊菩薩三怙主神山。

| 右
寺廟四周有許多岩面自然顯現海螺及佛塔等
形相。

| 左
蓮師閉關修行洞位於地底，入口狹窄。

修行洞內低矮狹窄，喇嘛介紹蓮師背倚左側石壁而坐，腳往前伸，在右石壁上留下腳印。
（照片中央亮光是寺方拉設的電燈泡）

位於寺廟後方的阿尼閉關修行洞之一。

珠峰南側尼泊爾昆瓊寺供奉的蓮師塑像繪有第三眼，相當罕見。

自小喜歡山林，高中開始登山，大學時通過測試取得台灣高山嚮導證（國家公園成立後取消此證），可帶人攀登台灣三千公尺以上高山。珠穆朗瑪峰是登山者的終極夢想，無論如何，至少也要設法到其山腳就近仰望。

二〇一〇年我首度前往珠峰北坡（西藏境內）基地營，新絨布寺正在維修，未對外開放，二〇一三年再前往已整修完成，並設立了招待所，對外提供簡單食宿。

台灣藏傳佛教徒和守護寺廟已二十五年的桑傑喇嘛相隔千里，能於世上海拔最高的寺廟相會，因緣殊勝，令人無比歡喜。

二〇一五年前往珠峰南坡（尼泊爾境內）基地營，登高至四千九百公尺時遭逢尼泊爾百年大地震，幸好平安下撤。二〇一六年二度前往，搭直昇機抵海拔二八四〇公尺的 Lukla 開始徒步，加上高度適應天，共九天，才抵達海拔五三六四公尺的基地營。

途中震撼我的除了喜瑪拉雅山脈雄偉壯麗的景觀，尤有甚者，是山道兩旁岩壁上不時出現的諸佛菩薩塑像、蓮師心咒、六字大明咒，以及數間規模大小不一的藏傳佛教寺廟，信仰力量之無遠弗屆令人動容。

但即使我去過珠峰北坡基地營兩回，我仍然不知道查絨布寺的存在，也不知其保留了蓮師閉關修行洞及手印腳印等聖跡，直到二〇一七年意外看到一篇中國珠峰攀登隊員寫的記錄，文中提到查絨布寺，雖然只有片言隻字，卻讓我欣喜若狂！但這年申請台胞入藏批准函失敗，無法進藏；二〇一八年初再度申請，歷經波折，終於在五月順利成行。

在最後的藏式帳篷區停好車，徒步前往查絨布寺，只有數百公尺的距離，我卻走得百感交集，當矗立在崢嶸岩石區之上的小寺廟現身，胸中一股熱流上湧，直衝腦門與眼眶。這兒海拔高、寒冷偏遠，一般人每走幾步就要停下休息，但卻遠自八世紀以來就有無數僧人選擇在此閉關修行，他們對克服人類身體極限的努力想必也不亞於對精進修行的堅持！

絨布寺是少見的僧尼共存寺廟，目前有一位喇嘛和四位阿尼在查絨布寺閉關（查絨布寺由新絨布寺管轄）。我和另一位同屬寧瑪派的隊友先供養了五位僧尼，再由僧人引導進入洞穴，他以藏語詳細講解洞內聖跡。

感謝同行的地陪和師傅，兩人都是虔誠佛教徒，尤其單增師傅朝聖過無數聖地，認識在此守護寺廟已二十五年的桑傑喇嘛，使我們的參觀非常順利。最後，桑傑喇嘛還讓我們在蓮師洞內待了許久，輪流在蓮師坐過的位置靜坐祈請。

長壽五天女唐卡，藏族民間傳說珠峰就是中央騎白色雪獅的女神。

那曲地區
天湖納木措 གནམ་མཚོ

蓮花生大士曾在納木措（藏語，意指天湖）閉關修行三年三個月零三天，並埋下殊勝伏藏，因此，納木措成為藏傳佛教的著名聖地。

納木措是第三紀和第四紀喜瑪拉雅山脈運動凹陷形成的巨盆湖泊，湖水來自念青唐古拉山的冰雪融化，東西長七十公里，南北寬三十公里，是世界上海拔最高的鹹水湖。與羊卓雍措、瑪旁雍措並列為西藏三大聖湖。

納木措湖面廣大，跨拉薩市當雄縣和那曲地區班戈縣，但班戈縣內的面積大些，因此本書將其歸屬在那曲地區。

納木措原本是西藏最大湖，根據二〇一四年最新測量後退居第二，雖然第一大湖的寶座讓給了色林措，卻絲毫不影響納木措在藏民心中神聖的地位。

傳說納木措是帝釋天之女，所以叫天湖，與納木措珠聯璧合的是矗立在南岸的念青唐古拉山，藏民相信，海拔七一一七公尺的念青唐古拉山和海拔四七一八公尺的納木措，是藏北神靈界的國王和皇后，是至高無上的神山聖湖。

每逢羊年（納木措本命年），諸佛菩薩和護法都會齊聚於此舉行盛大法會，此時轉湖一圈朝聖，等於平日的十萬次，功德無量。因此，羊年轉湖的民眾絡繹不絕，但因轉湖一圈需二十～三十天，許多藏民改轉扎西半島代替，轉七圈等同轉湖一圈。

八月份的天湖，素粧淡雅，輕盈純淨。

十一月份的天湖，聖潔空靈。

四月份的天湖，結凍一冬的冰層逐漸迸裂融化。

湖心有數座島嶼，生長許多藥草。湖畔有五座半島，佛教徒相信是五方佛的化身。其中，位在東南端，向北延伸到湖中的扎西半島，是最大的半島，主要聖跡都集中在這裡。由於曾長期受湖水侵蝕，島上林立奇形怪狀、鬼斧神工的天然岩洞、石柱和石峰，形成獨特的喀斯特地貌，增添了納木措的魅力。

　　綿延在扎西半島中央的是約百來公尺高的山丘，山頂五彩風馬旗飄揚，山丘下方岩壁間分佈眾多修行洞和小佛殿。其中，噶譯師修行洞的壇城供奉著念青唐古拉山神和納木措女神的塑像，山神騎馬戴頭盔，右手舉馬鞭，左手拿唸珠；女神騎飛龍，右手持龍頭禪杖，左手拿佛鏡。有關袖們的故事和傳說一大籮筐，不難看出藏民對此二神的尊崇與喜愛。

　　通常轉湖正式起點是被稱為「守門忿怒父母神」的天然石像，這是兩塊巨大的溶蝕石，俗稱「迎賓石」，也有人稱「夫妻石」，宛如納木措門神。

　　不遠就是這一帶最大的寺廟扎西寺，蓮師修行洞就位在寺內一座佛殿內。

　　沿湖轉扎西半島一圈所需時間，依個人速度快慢，從一個半小時到兩三小時，途中聖跡很多，有合掌石、蓮花生神水、空行母修行洞、藥師修行洞、自成蓮花生水瓶、噶舉洞、財神洞、文殊洞及自成的各種佛像聖跡等，最後一個聖跡是噶瑪巴二世的腳印。

二○一五羊年是納木措本命年，轉湖朝聖的藏民絡繹不絕。

念青唐古拉山神和納木措女神的塑像。

迎賓石，壁上無數哈達都是藏民丟上去祈福的。

蓮花生大士閉關的修行洞被圍在扎西寺內。

　　納木措天湖居西藏三大聖湖之首，我有幸在不同季節朝聖過六回，每回都有不同的驚艷與體悟。

　　初次邂逅於二〇〇一年，那回參團從青海經藏北牧區入藏，當時納木措還未建公路，三輛吉普車在泥濘崎嶇的山野土路顛簸，在四千多公尺之上風雨來襲，寒意備增，身穿羽毛衣還直打哆嗦，隊員中有人開始怨聲載道。

　　半路，吉普車壞了一輛，停下修車，風雨小了，對面山坡放羊的藏族小孩好奇跑過來，他們穿著單薄，有個小孩還打赤腳，全身上下有點骯髒，卻綻放出清純笑容。隊員請他們吃巧克力，他們靦腆地接過去，口中發出聲音，應該是說謝謝吧，其中一個小女孩打開包裝紙吃了一小口，臉上露出喜悅神情，然後小心翼翼地重新包好收入口袋。

　　是太好吃了捨不得一次吃完？還是要帶回去和誰分享？

　　當時，我腦中浮現寂天菩薩的智慧之語：「這世界上不管有什麼樣的喜悅，完全來自希望別人快樂；這世界上不管有什麼樣的痛苦，完全來自希望自己快樂。」

　　重新上路後，隊員不再抱怨。

　　二〇〇五年十月起我在拉薩遊學，一直記掛著風雨朦朧的納木措。十一月，估量天寒遊客已少，趕在大雪封山前啟程，搭乘小巴來到距拉薩約一百七十公里的當雄鎮，一下車，立刻感受到海拔四千三百公尺的寒意。

　　沒想到納木措已因下雪封山，不准遊客前往，只有當地居民可以出入，我和臨時遇到的兩位背包客躲藏在藏民貨車，混過檢查哨，再改搭吉普車。

　　翻過海拔五一九〇公尺的那根拉山口後，遠遠下方，納木措像一顆淺綠的藍寶石鑲嵌在白色雪原中，散發出誘人光采。

　　抵扎西半島，商家全已撤走，扎西寺大門深鎖，偌大的納木措惟我們三人獨享，踩著積雪，一步一腳印走

近湖畔，融入天湖的聖潔之美，天地無言～

湖面倒映陽光閃爍著白花光芒，浪濤來回撞擊著遍佈大小石頭的湖岸，原本清澈見底的湖水，因為波浪，倒影破碎扭曲。這真像我們的心，當心被種種感官刺激所干擾，忙於投射與曲解，便無法如實映照，只有心靜止一如水波不興的湖面，才能清明地反映事物的實相。

返程時前往離湖最近的村落納木措村，在唯一的小雜貨店吃方便麵、喝酥油茶。這是個冷清的小村落，才十一月，村子四周積雪已盈尺，再過一兩個月，積雪更深，村子便與外界隔絕。

村中孩童不畏零下凍寒，在雪地玩起溜冰雪，遊戲簡單，他們卻玩得忘我，純真輕脆的笑聲盪漾在白茫雪原中，這種單純、發自內心的真實快樂，連旁觀的我們都受到感染。

之後也曾在四月前往納木措，夜宿湖畔藏式大帳篷，篷內溫度零下，火爐熄後，厚重的棉被形同冰塊。帳篷外狂風呼嘯伴隨著浪濤，有如演奏交響曲。半夜起來上廁所，一出帳篷，不禁愣住，雲層已散開，皎潔明月當空，光華籠罩大地，聖潔迷離。滿天星斗，燦爛閃爍如鑽石貼滿夜空。

隔日一早，觀賞日出後坐在湖畔發呆，神山雄偉磅礴，聖湖優雅柔靜，不知名的雪白鳥兒在殘冰湖面盤旋翱翔，寂靜遼闊中，天湖隨陽光變幻深淺的藍綠色彩，彷彿天樂奏鳴。

冬天的納木措，湖中波浪會翻湧著結成天然冰雕，最神奇的是，湖面結冰的時間據說都在藏曆十一月十五日夜晚，以咆哮之勢整個湖面瞬間凍結，這個日子幾十年來只差一天。

而四月份的這一天，我坐在湖畔，屏氣凝神，彷彿聽到冰層底部微細的迸裂聲，宣告春天即將來臨的訊息～

合掌石，又稱勝樂金剛父母像，相傳是父親念青唐古拉山和母親納木措的化身；
也有一說象徵蓮花生大士在此修行，合掌為眾生祈福。

那曲地區
魔鬼湖色林措 ནར་ཁྱིང་མཚོ

色林措位於申扎縣、雙湖縣、班戈縣三縣交界處，屬於以保護黑頸鶴繁殖生態為主的國家級濕地自然保護區，是個鹹水湖，湖面海拔四五三〇公尺，最深處超過三十三公尺。根據考證，目前湖的面積雖然只有一千多平方公里，但以前曾廣達一萬平方公里，由於氣候變化，湖面逐漸退縮，分離出班戈措、格仁措、吳如措、恰規措、孜桂措、越恰措等二十多個衛星小湖環繞四周，形成一個內陸湖泊群。

傳說色林原本是住在拉薩西面堆龍德慶地方的一個大魔鬼，每天都要吞噬許多生靈，人們束手無策，蓮花生大士知道後，前往

黑頸鶴總是成雙成對出現。

色林措於二○一四年起成為西藏第一大湖。

色林措位屬藏北羌塘南緣無人區，看到古老佛塔
的機會比看到人多。

降魔除妖，魔鬼不敵，往北方逃跑，蓮師在後緊追，最後色林逃到這裡，跳進浩瀚的湖水中躲藏，蓮師命令其在湖中虔誠懺悔，永遠不許離開，也不許殘害水族眾生。因此這湖便被命名為「色林堆措」，意思是色林魔鬼湖，一般都簡稱色林措。

依據資料統記，西藏湖泊總面積超過二點四萬平方公里，大部份都位於藏北高原，其中面積超過一平方公里的湖泊有四百九十六個，超過五平方公里的湖泊有三〇七個。看到這些數字令人咋舌，換算一下，湖泊總面積等同三分之二個台灣大！

在眾多湖泊裡，色林措原本是西藏第二大湖，而納木措是第一大湖，但最近數十年來，色林措的水位一直上升，隨之湖面也擴大，二〇一四年測量時，色林措面積已達二三九一平方公里，比納木措多出三百六十九平方公里，因此，色林措從西藏第二大湖躍升為第一大湖。

在高原高寒草原生態系統中，色林措附近一帶是珍稀瀕危生物種類最多的地區，也是世界上面積最大的黑頸鶴自然保護區，另外，這一帶也有許多屬於保護級的動物，例如雪豹、藏羚羊、盤羊、藏野驢、藏雪雞等，生態豐富。

在廣闊一望無際的草原上，夕陽壯觀燦爛。

拉薩市
查耶巴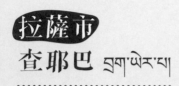

查耶巴是西藏史上著名的修行聖地，距拉薩市區約三十多公里，位於達孜縣幫堆鄉耶巴村的耶巴山麓，海拔約四千公尺。拉薩寺人民政府在山腳入口處立了一塊石碑「查葉巴石窟寺」，一般都簡稱查耶巴。

查耶巴曾掘出伏藏經典，由於歷史悠久，影響很大，是每位藏民必朝拜的聖地之一，最大特色以洞立寺，洞寺合一，建築緊嵌在崖峰壁間，堪稱奇觀。

藏地俗諺：「西藏聖潔在拉薩，拉薩靈地在查耶巴；去了拉薩不去查耶巴，如同做件新衣忘了做衣領。」以此比喻查耶巴寺的重要性。

查耶巴始建於西元七世紀，《西藏王臣記》記載：「因為中尼兩妃都沒有生育子女，松贊干布又娶了汝容妃、相熊妃、茂妃等，前二妃仍然未生育子女，只有茂妃生下王子，於是在形似聖救度母身形的山上，修建了吉祥耶巴寺，作為茂妃與王子二人應得的供佛處所。」

八世紀，赤松德贊請蓮花生大士從印度來藏地弘揚佛法，蓮師在查耶巴修行傳教時，建立了君臣二十五人和一〇八大成就者修行洞，從此，查耶巴寺成為寧瑪派的經典寺院，此處也成為著名的密法修行道場，為西藏四大隱修地之一（另三處隱修地指桑耶青朴修行地、乃東縣雅隆雪扎修行地和吉隆縣密勒日巴修行地）。

查耶巴最大特色是以洞立寺，洞寺合一。

十一世紀，阿底峽在此地「索巴浦」（也稱彌勒殿）收徒傳教五年，查耶巴成為噶當派的重要道場。十七世紀中葉，五世達賴喇嘛於此建立了四層樓的格魯派僧院、護法殿、達賴寢宮等，供奉阿底峽、仲敦巴、宗喀巴等塑像，並有僧侶一百六十人。到了十八世紀，格魯派又在此建立了密宗院。

查耶巴聖跡非常多，其中達瓦浦岩洞（月亮窟），傳說蓮花生大士在此洞修行過。另外，蓮師弟子之一的傑瓦喬央於此洞內修行也獲得成就，最後在窟外乘月光升天而去，因此被命名為月亮窟。

另有「直布浦」，是赤松德贊時出家的七覺士之一的昆魯伊旺布，在此岩窟內修勝樂金剛法獲得成就，他顯示神通，將鈴放置天空中，因此被稱為直布浦（鈴岩窟）。

此外，並有松贊干布修行的法王洞（洞外修建了一座小佛殿）、刺殺吐蕃末代贊普朗達瑪的僧人拉隆貝吉多傑修行的拉隆洞、阿底峽修行的祖師洞，以及八十位在查耶巴得道者所住過的眾多岩洞。

除了這些依附山崖而建、內隱著名修行洞的小殿堂外，在更高的山崖上還散佈著一些外表沒有任何建築裝飾的石窟，也都有修行人於內精進閉關修行。

每個修行洞窟，只要有空間必設壇城，朝聖者虔誠禮佛。

左為阿底峽尊者和弟子的修行洞，右為千手千眼觀世音菩薩殿堂。

此為牛鼻洞，持續繞轉兩鼻孔，可以消災解厄。

|上
這是查耶巴中建築中最大最具規模的殿堂，供奉著二層樓高的巨大佛像，並供奉藏王松贊干布和后妃塑像。

|右
有些山洞內保留了老舊純樸的壁畫。

|左
蓮師留在達瓦浦外側石階轉角岩石上的右手印和自顯藏文ཨ（啊）字。

蓮師閉關修行的達瓦浦月亮洞外觀。

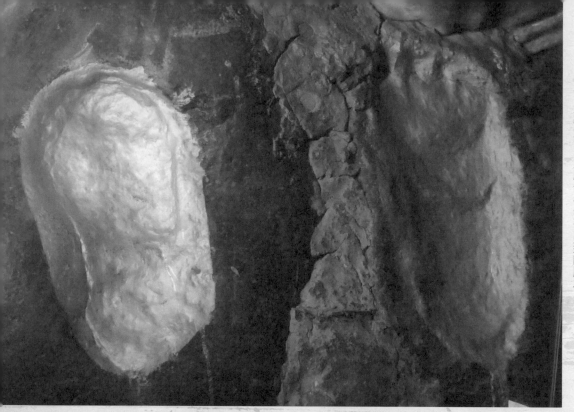

達瓦浦內大殿供奉保存的蓮師腳印。

據說此洞為蓮師用過的廚房（上方十世班禪喇嘛法照係今人所供）。

右為蓮師修行洞達瓦浦月亮洞；左上方為松贊干布修行的法王洞；左下方為刺殺朗達瑪的僧人修行的拉隆洞。

從查耶巴居高臨下鳥瞰山谷風光，遠方為拉薩河。

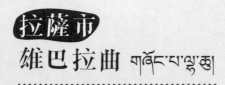

拉薩市
雄巴拉曲 གནོང་པ་ལུ་ཆུ།

「雄巴拉曲」聖地，雄巴為大盆，拉曲為神水之意，位於今日拉薩市堆龍德慶區乃瓊鎮，距拉薩市區約十五公里。

八世紀時，松贊干布在寂護大師建議下邀請蓮花生大士入藏弘法，蓮師自今日日喀則地區的邊境城吉隆入藏，一路降伏前來阻擾他入藏的各地神祇鬼魔等，最後來到拉薩附近的堆龍。

這時，藏王安營在雅魯藏布江畔，先派遣使臣率領五百位騎士前來迎接蓮師，使臣在堆龍的雄巴溝口和蓮師相遇，打算燒茶做飯款待蓮師，但這個地方素來非常乾燥，土地貧瘠，附近找不到半滴水，蓮師見狀，用手杖插入地面，同時對眾人說：「神泉即湧，端盆來。」瞬間一股清泉從地下湧出，眾人趕緊拿盆來接水，因此，這泉水就被稱為「雄巴拉曲」，之後，神水從未乾涸過，不但為此地解除了缺水的困境，還可充份灌溉廣大莊稼田園。

為了紀念蓮花生大士，人們在泉眼旁修建了小寺廟，供奉蓮師塑像，後來毀壞。前幾年重修，現有僧人四名，屬寧瑪派。寺廟大門匾額寫著「雄巴拉曲神水寺」，門外由政府所立的石碑則寫「雄巴拉曲拉康」（拉康為佛殿的意思）。

雄巴拉曲神水寺外觀，神水泉源位於庭院內。

雄巴拉曲神水寺大殿，泉源就在其正對面。

緊臨寺廟的西藏神水藏藥研究所，以加入雄巴拉曲神水製成藏藥，遠近聞名。

神水泉源位於寺內庭院中，為保護，有圍欄環繞，水池不大，但被引出灌溉方圓數十里的土地莊稼，水位卻也不見降低。一年四季清澈見底，水底有許多小水泡不斷往上冒。人們相信如果沐浴或飲用此泉水，能治癒皮膚病、頭痛等疾病，常飲更能百病不侵。

在神水東邊出口處，立有一個大型六字大明咒的水轉經筒，經由水流晝夜不息地轉動著。此地不僅是佛教聖地，更是西藏神水藏藥研究所的所在地，加入雄巴拉曲的神水所製成的藏藥，遠近聞名。

| 右頁
可見面積不大的神水，卻可引出灌溉方圓數十里的土地莊稼。

林芝地區
巴松措 ⴁⵖⵉⴳⵙⵓⵎⵉⵎⵞⵛ

　　巴松措位於工布江達縣錯高鄉巴河上游深處，因此也有人稱為「錯高湖」，是西藏東部最大的淡水堰塞湖之一，也是寧瑪派的著名神湖聖地。對外卻是以國家級森林公園和群山中一池碧水而廣為所知，已被世界旅遊組織列入世界旅遊景點。

扎西島迎客的彩繪山門，襯托清透碧綠的湖水，氛圍空靈。

　　網路資料都說巴松措藏語的意思是「綠色的水」，但若就藏文來看，巴松措的藏文意思是「三岩湖」，《措宗聖跡指路明燈》中也記載：工布地區的三岩之地是蓮花生大士在八世紀開闢的。湖面海拔三千七百多公尺。湖水清澈見底，四周群山都是鬱鬱蔥蔥的原始森林。

巴松措和扎西島。

島上的錯宗寺建於唐代末年，已有一千四百多年歷史。

藏文字母樹。

蓮師曾加持過的「求子洞」，據說非常靈驗。

　　湖中有座小島名叫扎西島，也有人叫它湖心島，傳說該島是「空心島」，島和湖底不相連，漂浮在水上。早期要到扎西島必需乘坐手拉的船，也就是人坐在浮木組成的木筏上，由擺渡人拉著一根連接島和岸的鋼纜往前移動。如今到扎西島已建有浮筒步行棧道，可直接走過去。

　　扎西島上有座小寺廟「錯宗寺」，屬寧瑪派，建於唐代末年，距今已有一千四百多年歷史，主供蓮花生大士。以寺廟為中心順轉小島，可看到很多奇景。寺廟南側有一棵桃樹和一棵松樹相互糾纏著生長，稱為「連理樹」，春天時，桃花和綠松相映，非常美麗。另有一棵神奇的大樹，據說樹葉上常出現自然形成的藏文字母。此外還有格薩爾王戰馬留下的蹄印、揮劍石頭留下的劍痕、蓮師洗臉的神泉……等聖跡。

　　若搭船遊湖，在巴松措南岸有一充滿神奇的「求子洞」，傳說該洞曾被蓮花生大士加持過，來此求子非常靈驗；湖的西北有塊巨石，中心有一小洞，若能順利鑽過去，可消災祈福，除病延壽。離那不遠的沙灘，還有一蓮師修行洞；湖西岸則有格薩爾王試箭處……等。

桃樹和松樹相互糾纏的「連理樹」。

阿里地區
吉烏寺 ㄐㄧ ㄨ ㄙ

　　吉烏寺（或譯基烏寺）海拔四六五〇公尺，位於普蘭縣瑪旁雍措聖湖西岸一座拔地而起的小山丘上，被信眾稱為「桑多巴瑞」，意思為銅色吉祥山，係蓮花生大士淨土的象徵。寺廟規模很小，但因居高臨下，是瀏覽聖湖的極佳所在。

　　傳說蓮師曾在此逗留多日降魔伏妖，並在寺廟所在山丘的一個洞穴修行，至今還保留著修行洞。另一說法是蓮師要前往西南羅剎國時，經由一隻鳥（藏語吉鳥即小鳥的意思）的指引來到這裡，逗留三十天修建了兩座寺廟，一座建在瑪旁雍措湖底，一座建在修行洞所在的山丘上。

吉烏寺位於小山丘頂，山下吉烏村有一個天然溫泉相當有名。

寺廟規模很小，卻位居觀賞、拍攝聖湖的極佳位置。

阿里地區旅遊局網站則記載：據傳蓮花生大士曾在此處降魔伏妖逗留過七天，並在岩石上留下腳印。寺廟裡曾供有檀香木精雕細刻的蓮花生大士像和空行母耶謝措嘉像等珍貴文物。在山丘西南面至今保留著蓮師的修行洞，當年稱為「吉烏蓮花城堡」，為該寺繁榮昌盛時的標誌，後來由頂欽頓珠圖美在此興建了竹巴噶舉派寺廟。文革時寺廟被毀，一九八五年重修，現在主供蓮花生大士的藥泥塑像。

環繞瑪旁雍措聖湖四周原本有八座寺廟，現存五座，吉烏寺為其中之一。

寺廟面向西藏三大聖湖之一的瑪旁雍措，此聖湖位於神山岡仁波齊和喜馬拉雅山脈納木那尼峰之間，玄奘《大唐西域記》稱此湖為「西天王母之瑤池」，早期苯教也有不同稱呼。十一世紀，佛教與苯教鬥法獲勝後，改稱瑪旁雍措，意思是「永恒不敗的碧玉之湖」。

藏民相信瑪旁雍措的水是八功德（註1）俱全的甘露，喝了有諸多利益，印度朝聖者還認為一定要在湖中沐浴淨身，才能洗淨靈魂。

我二〇一〇年和二〇一五年各來過一趟，不巧小寺廟都大門深鎖，也沒遇到任何一位修行人，只能在寺外繞轉。

小殿堂之間通道狹窄，上下迂迴。

吉烏寺外牆，紅色部份係西藏傳統特有的建材白瑪草。

寺廟外側由石塊堆圍而成的這兩座無頂茅坑，堪稱為「星級」廁所。

註1：在不同佛經中，八功德水或指甘、涼、軟、輕、清淨、不臭、益喉、
利腹；或指澄淨、清冷、甘美、輕軟、潤澤、安和、除饑渴、長養諸根。

阿里地區
岡仁波齊神山 གངས་རིན་པོ་ཆེ་གནས་རི།

　　蓮師曾指示「五溝一洲三地二十一雪山」都是修行的殊勝聖地。二十一雪山中排第一的是念青唐古拉山，排第二的是岡底斯山，名聞遐邇的岡仁波齊神山就是岡底斯山脈的最高峰。

轉山道一開始緩緩上升。圖中前方為仰頭朝天長嘯的大鵬金翅鳥巨岩。

　　岡仁波齊藏語意思是「雪山珍寶」，海拔六六五六公尺。大藏經《俱舍論》記載：「印度往北過九座大山，有一大雪山，雪山下有四大江水之源。」大雪山指的就是岡仁波齊，神山雪水往四方流下，流向東方的是馬泉河，流向西方的是象泉河，流向南方的是孔雀河，流向北方的是獅泉河，

遠眺岡仁波齊神山，恰如蓮師所形容「似水晶塔巍然屹立」。

各流經廣大水域，最後孕育出雅魯藏布江、印度河、恆河等世界級大河。因此，岡仁波齊有「萬水之源」和「千山之宗」的美名。在藏區眾多神格化的雪山中，也唯獨它同時被佛教、苯教、印度教、耆那教等不同宗教共同奉為自宗神山。

八世紀，赤松德贊迎請蓮花生大士入藏，協助寂護大師興建桑耶寺及弘揚佛法時，蓮師曾至神山朝聖，並形容神山「似水晶塔巍然屹立」。

苯教在神山的勢力原本大於佛教，直到即身成佛的密勒日巴尊者與苯教教主那若本瓊鬥法，取得勝利，神山才易主。

蓮師與佛母耶謝措嘉踏遍藏地，加持各大雪山成為修行聖地時，岡仁波齊還沒有明顯的轉山道，現今的轉山道相傳是由具「轉山之父」別稱的竹巴噶舉古倉巴大師走出來的，當年大師在找尋轉山道時，走到一半，眼前突然出現一頭大野氂牛，心想應是神靈化現，便尾隨前行，來到一個洞頂有氂牛角印記的山洞，大師於是住在山洞修行，並取名「哲日普」，意思是「母氂牛隱沒角跡洞」。這山洞也就是今日轉神山第一天的住宿處直熱寺（或稱哲日普寺）所在。

轉神山的起點和終點是海拔四千七百公尺的塔欽小鎮，藏民通常一天就能圓滿，其他則視個人體力安排兩或三天，中間可住宿寺廟附設的簡易招待所。若擔心體力不濟，也可在塔欽聘請挑夫幫忙揹負行李或租騎騾馬。

聖跡「格薩爾王的馬鞍石」，傳說格薩爾王係蓮師化身，一生南征北討，抑惡揚善，宏揚佛法，是藏民心中的千古大英雄。

一對朝聖的年老藏族夫婦坐在馬頭明王聖跡前暫歇。

轉山最高點卓瑪拉山口，海拔五六三〇公尺，太陽正要越過山嶺。

信仰虔誠的藏民以大禮拜方式轉山，不畏冰雪，五體投地，令人感動。

每年藏曆四月十五日在神山下的經幡廣場（離塔欽約七公里）固定舉行更新經幡儀式祈福。藏民自各地帶著新經幡前來參加慶典，然後帶著拆換下的舊經幡返家，每個人都相信在神山腳懸掛了一年的舊經幡，雖然已經破舊，但充滿神山一整年的加持力，消災祈福，威力無窮。

佛教徒相信轉神山一圈可消除一生罪惡，轉十圈可在五百輪迴中免受下地獄之苦，轉一〇八圈可今世成佛。藏民一般以轉三圈為起點，轉滿吉祥數十三圈才能獲得轉內圈的資格。馬年是神山的本命年，轉山一圈的功德等於其它年轉十三圈，因此，每逢藏曆馬年，轉岡仁波齊神山的佛教徒摩肩接踵，絡繹不絕。

轉神山時，我和偶遇的黑狗唯一的合影，背後即岡仁波齊神山。

我在二〇一〇年和二〇一五年藏曆四月各轉過一回神山，第二回遇下雪，第一回天氣很好，那回有隻黑狗同行，讓我難忘。

一開始我沒特別留意牠，因為同時有好幾隻狗跟著，忽前忽後，原本以為是流浪狗，走了一陣後，我才發現這隻黑狗一直跟著我，中途雖也會跑去和其牠狗玩，但沒一會就回到我身邊，我停下休息，牠也停下，安靜趴著，我休息夠了開步走，牠也立刻起身跟著走。

仔細看這隻黑狗，不像是野狗，毛髮乾淨順滑，全身黑，只有四腳、臉頰和下巴是白色，眼睛上方有兩個白點，牠一路跟著我登高，精神抖擻，步伐穩健又俐落。

其中一次休息時，我用手輕撫靜靜躺在我腳旁的牠，不知為何聯想起蓮花生大士，出發轉山前我不斷向蓮師祈請加持。蓮師曾對弟子承諾：「任

何對我有信心的人，我都會守護在他身邊。」我一路憶念蓮師，持誦蓮師心咒，那麼，黑狗會不會是蓮師的化身？

蓮師有好幾個名號，其中一個是「古魯仁波切」，於是我給黑狗取了個名字，叫「古魯」。

在海拔四、五千公尺的地方徒步登高，氧氣含量只有平地的一半，身體非常容易因氧氣不足而感到疲累，但我只要看一眼相伴在一旁的古魯，再誦幾回〈蓮師七句祈請文〉或只是持短的蓮師心咒，精神就恢復了。

轉山第一天我們投宿直熱寺招待所，狗不能進屋，古魯徘徊在外牆，晚餐吃泡麵，為了節省體力，我們沒多揹食物，只能把我的份拿到戶外分給古魯一些，可能是餓了，牠唏哩呼嚕一下就吃得精光。

臨睡前，我四處找不到古魯，有點擔心夜晚氣溫很低，牠要如何度過？

但想到動物都有求生本能，只能祈禱牠憑藉本能已經找到避寒處了。

隔天一早，看完日出要出發時，古魯出現了，我喊牠，牠立刻跑過來我身邊，繼續一路跟隨，上卓瑪拉山口的山路很陡，有一段還遍佈亂石，古魯忽前忽後走著，有時緊靠在我左右側，輕巧地閃避地面尖銳的石頭。

終於抵達最高山口，所有轉山者都忙著懸掛風馬旗，撒風馬片，拍照留念，我也想和古魯合照，這才發現牠不見了！最後一段因為很陡，海拔又高，呼吸困難，我低著頭緩慢移步，沒注意四周，難道牠走錯路了？不可能！轉山者不少，跟著人走就行了。那會是摔跤受傷無法行走嗎？應該也不可能。

我往回走了一段，詢問後面的每一個轉山者，都說沒看到黑狗。

百思不解，為何古魯會憑空消失？

下山途中，我不時回頭，盼望古魯身影再度出現，卻是從此未再相見。

回到台北整理照片時，赫然發現轉山第一天早上剛抵達經幡廣場，在我還未察覺到古魯的存在前，牠就被我拍進照片中了。

唉，是我自作多情嗎？為何我感覺牠那姿態那神情，彷彿牠就一直站在那裡等候我，只為了陪我走上一程～

後來看資料，當年轉山之父古倉巴大師在尋找轉山路時，來到卓瑪拉山口附近，找不到路，一時不知該如何走，前方忽然出現一大群黑狼，靜靜地站立著，望著他不動，大師數了數，共有二十一隻，剎那間領悟到黑狼是二十一度母的化身，來給自己指路的，於是跟隨狼群前進，順利抵達山口後，二十一隻黑狼瞬間隱沒，不見蹤影。

或許，古魯也正是蓮師化身，引領我順利到達卓瑪拉山口的吧！

阿里地區
芝達布日寺 རྩེ་ཏྲ་ཕུ་རི་དགོན་པ།

位於象泉河畔的扎不日溫泉和芝達布日寺，離門士鄉中心約八公里，二〇一〇年我首度前往還不需門票，二〇一五年再去，改成收費，收得還不低，原來是被規劃成風景區，收費站旁還立了一個大型看版「芝達布日寺景區導覽圖」。

扎不日溫泉緊臨公路旁，據說可治胃病、痛風等多種疾病，效果極佳，不少藏民專程來此泡溫泉，有的還會對溫泉頂禮膜拜。

芝達布日寺則位在一旁的小山丘上，必需爬坡。昔日蓮花生大士曾在此修行，後由寧瑪派高僧多扎喇嘛曲尼桑布創建了寺廟，雖然寺廟後來改宗噶舉派，但寺內仍供奉蓮師和耶謝措嘉的塑像。寺外有一大圈瑪尼牆，傳說是魔鬼射出一支箭攻擊蓮師，蓮師中止了箭的飛行，並將它化成一道牆。

按照寧瑪派教法大圓滿的說法，此地是多吉帕母的宮殿，寺內供有多吉帕母八歲的腳印聖跡。多吉帕母是藏語，被譽為「諸佛之母」、「一切智慧之母」，因其頭上有一豬頭，豬屬亥，因此漢譯為「金剛亥母」。

寺廟周圍遍佈紅白相間的奇岩異石，各種自然形成的顯相，栩栩如生。在景區口的導覽看版上標註著自然顯相的聖跡共有三十多處，可以照圖尋找。

爬坡途中回望發源自岡仁波齊神山的象泉河與扎不日溫泉（白色處）。

寺廟周圍有許多小閉關房，與奇岩異石融為一體。

有人形容若將神山聖湖比喻為一顆雞蛋，那麼芝達不日寺就等於是蛋黃，轉神山之前或之後必須到這裡朝拜。相傳轉此聖地十三圈的利益功德，就相當於轉岡仁波齊神山一圈。

另外還流行一句話：「朝拜岡仁波齊不去芝達布日，如同新衣沒衣領。」有趣的是，類似這話我聽過很多次了，只是換成不同的寺廟名稱而已。

二〇一五年再去時感覺和初訪時的印象不太一樣，導遊說明後才知原來是有海外大功德主護持，整個寺廟翻新改建並擴大了，喇嘛人數增多，入內參觀的規矩也變多且嚴謹，每殿都不准拍照。

回想二〇一〇年，寺廟主殿小而舊，當地人都稱為「蓮花生寺」，我們到時只有一位僧人和一位在家居士，可能平日很少外人前來，看到我們幾人，他們主動取出鎮寺之寶白海螺，坐在寺前台階吹奏，表示熱烈歡迎。如今白海螺收藏在高高的壇城上，只能遠觀。

對照五年前境遇，真是不勝感慨，心中有點莫名的失落。

落寞離開寺廟，往山坡下走，坡下公路旁緊捱著崖壁有間小殿，去程大門深鎖，返程走到殿旁，遇到一位甫自外歸來的喇嘛，打招呼後，居然主動問我們要不要參觀？他有鑰匙。進入後，驚喜發現資料上記載的「金剛亥母修行洞」原來就藏身在這間小殿內。熱心的喇嘛不僅有問必答，還允許我們拍照。

金剛亥母修行洞被新建佛龕保護著。

二〇一〇年蓮花生寺舊貌，圍繞在紅色大殿四周的白色房屋都是僧寮。

初次來時，一位喇嘛和在家人吹奏白海螺，熱烈歡迎我們。

第二章
四川甘孜藏族
自治州

丹巴縣
三解脫門 ཐར་པར་སྒོ་གསུམ།

· ·

　　著名的《蓮師剎土雲遊記》是伏藏大師多傑德欽朗巴所造，由喇榮五明佛學院索達吉堪布譯成漢文。德欽朗巴說：「在我二十九歲那年，也就是木龍年的四月二十五日，一個空行雲集的殊勝節日，我們做了一次盛大薈供，薈供進行當中，我的感覺裡出現了這麼一種景觀：從西南方出現了一條白雲的邊線，漸漸向我這延伸過來。我那時就想，自己應帶著手鼓、鈴杵等法器，以跳舞的形象前往那裡。就在此時，我突然昏厥了過去。接著，當光明顯現時，有七位空行母現前對我說：善男子，為遣除你今年的壽障，我們要帶你去一清淨剎土。」

　　德欽朗巴所說的做薈供之地，就位在丹巴縣巴底鎮牧業村外山坡上的一個山洞，也就是蓮花生大士曾閉關過的修行洞。

　　德欽朗巴一八六四年出生於甘孜爐霍縣一處聖地，自傳介紹，從第一世到他已轉兩世，第一世是恰美仁波切的轉世，恰美仁波切就是西藏家喻戶曉《極樂願文》的作者，是攜帶母親、僕人和家犬飛往極樂世界的藏地大成就者。

從牧業村中望向蓮師修行洞聖地（掛滿風馬旗的岩峰）

牧業村惟一的寧瑪派寺廟扎西却林寺。

朝聖時從半山腰俯視牧業村，屋舍簡樸，迥異於其它丹巴房屋外型。

左側石屋為索達吉堪布閉關處，右上方石壁有自顯海螺。

德欽朗巴後來定居錫金，示現圓寂後有兩個化身，之一是揚唐仁波切活佛（二〇一六年圓寂），為四川甘孜州爐霍多芒寺住持，也定居錫金；另一個是格瓊活佛，六〇年代於監獄中圓寂。

　　一般都公認索達吉堪布的前世就是格瓊活佛。索達吉堪布曾來過德欽朗巴做薈供的蓮師修行洞二回，並在附近小屋閉關一個多月。他在譯序中形容「那裡風光恬靜、自然，流水潺潺，青山常在，鳥語花香，幾無車馬之喧，天然就是一個極具加持力的修行道場。」

　　索達吉堪布還提到：「八九年的夏天，我朝拜過這個蓮師洞，當時洞中住著一位曾按德欽朗巴尊者伏藏法（讓人省去飯食之累的取精法）閉關的格魯派僧人，八七年他在洞中苦行時，有六個月時間每天只吃七顆比米粒大一點的藥丸子，不進食任何食物，感覺非常舒服，沒有絲毫的饑餓及不適感。」

　　蓮師洞所在處海拔約四千一百公尺，洞外蓋了間金頂的二層小佛殿，有位扎西却林寺的僧人長駐於此。蓮師洞背後即觀世音菩薩聖山，以此山為中心，小轉山一圈約半個多小時，會經過格薩爾王座騎馬腳聖跡、文殊菩薩聖山、象徵中陰的低矮山洞、金剛手菩薩聖山等。

　　山下的牧業村海拔約三千九百公尺，有六十多戶，村中寧瑪派寺廟名「扎西却林寺」（丹巴官網稱「扎西切龍寺」），意思是吉祥法洲寺，始建於一七五一年，有僧人二十位，住持為堪布汪秋次仁，來自色達喇榮五明佛學院，丹巴人，已在此二十年。

格薩爾王座騎馬腳聖跡。

蓮師修行洞背倚觀世音菩薩聖山，以此為中心可小轉山一圈。

蓮師修行洞正面；兩位僧人，左為扎西却林寺堪布汪秋次仁，右為長駐於此已十二年的喇嘛擁洛多吉。

從蓮師修行洞眺望，堪布說在對面雪山中另有一紅一黑兩聖湖，右側雪山深處也還有耶謝措嘉的聖湖。

　　二〇一八年三月三度前往丹巴，想朝聖墨爾多神山石筍溝的藏傳佛教修行洞，但找不到人帶路，只能作罷。反而是原本不報太大希望的「吉祥寺附近蓮師洞」，圓滿找到及朝聖。

　　這個聖地訊息來自讀《蓮師剎土雲遊記》，大伏藏師多傑德欽朗巴在某次薈供時，由七位空行母帶往蓮師剎土銅色吉祥山。索達吉堪布在譯序中提到：「在四川丹巴的巴底村有一座吉祥寺，附近山坡上有個蓮師洞，尊者雲遊前做薈供的山洞就是這裡。」

　　嚮往之餘，卻找不到有關吉祥寺的資料。後來查丹巴縣寺廟總覽，看到記載：扎西切龍寺建於一七五一年，屬於寧瑪教派，位於巴底鄉牧業村。

　　啊，這很可能就是吉祥寺！因為藏語扎西就是吉祥的意思，只是位置村名和索達吉堪布說的不同。我再進一步查丹巴縣各鄉、鎮、村名，發現丹巴縣只有巴底鄉（目前已升格為巴底鎮）沒有巴底村，可能是索達吉堪布筆誤吧。

　　去年來丹巴時認識的民居主人阿加，介紹表弟拉布開車載我前往，抵達巴底鎮問路時，被熱心路人指引到山上一間寺廟，結果那是苯教寺廟「切龍寺」。重新找路，問了好多人後，終於問到一位來自牧業村的藏民，為我們指路。

　　從縣道彎進往山上的叉路後，還有四十公里才能到牧業村，一路沿山谷爬升，從海拔約二千公尺的巴底鎮上升到海拔三千八百公尺的牧業村，公路大多呈之型陡上。據說，牧業村早期不通公路不通電，近十年來才改善。

　　一進扎西切龍寺，除了主供的蓮師塑像外，四處掛滿法王如意寶和索達吉堪布的大法照，法座上笑容可掬的法王如意寶法照栩栩如生，有如真人。

寺廟堪布知道我從台灣來後，稱我為「遠方來的客人」，親自帶領朝聖，一路講解，但他不太會說漢話，講的嘉絨藏語和我講的拉薩藏語又不同，而拉布和堪布因分屬嘉絨不同鄉，也不太能溝通。

請教堪布：蓮師修行洞有沒名稱？他回答「囊沓果孫」（意即三解脫門）。

返回台灣後整理文稿，看到去年在德格宗薩寺附近蓮師聖地噶莫達倉，有塊聖地誌石碑，記載蓮師曾授記十三處聖地為「達倉」（虎穴），其中一處「三門解脫無量宮」，心念一動，會是指丹巴這處聖地嗎？針對這問題以 WeChat 請教堪布和宗薩寺一位認識的喇嘛，但他們都說無法確定。

這尊供奉在小佛殿內的蓮師像，係索達吉堪布幼年在家鄉多芒寺的上師德巴堪布所造，非常別緻。

丹巴縣
墨爾多神山 དཀྱུ་རོ་གནས་རི

沿查普溝上行，不斷越過獨木橋。
圖中人物為我最感謝的嚮導拉吉。

墨爾多神山呈南北走向，山脈在馬爾康、丹巴、大金、小金境內連綿數百公里，這一帶區域被稱為「嘉摩察瓦絨」，簡稱嘉絨，墨爾多神山是嘉絨地區的名山，流傳著無數的傳說。

此神山最早是苯教的大自在神山聖地，以墨爾多將軍為守護神，每逢農曆七月初十墨爾多將軍誕辰日，嘉絨民眾都會聚集在山腳下的墨爾多寺參拜，或轉墨爾多神山。

西元八世紀，蓮花生大士在藏區伏藏時，選中墨爾多神山為秘境之一，在山中一百餘處埋下佛教經文和法器。其次，大譯師毗盧遮那被放逐到嘉絨地區時，住在墨爾多山上修行傳法，也留下許多遺跡。後來還有許多佛教大成就者曾經在此閉關修行。因此，墨爾多神山增添了濃厚的佛教色彩，被信眾尊為佛教聖地。目前，苯教和藏傳佛教並存於墨爾多神山。

由中路鄉遠眺墨爾多神山，尖頂即主峰最高點，海拔四千八百公尺（網路誤傳五一○五公尺）。

最後一道陡坡，自生塔及苯教小寺廟到了。

墨爾多神山素以神奇著稱，根據記載：山上有一〇八個聖跡，千餘處景點。站在神山頂，東可望見峨眉金頂；西可遙望西藏岡底斯山；俯首可覽境內八條像潔白哈達的河流。另外，北面有天然形成的藏區八大神山的縮影造型以及深不可測風起雲湧的高山海湖；東面有數十座造型逼真的天然石雕群；西面是神奇的自生塔。

傳說蓮師曾閉關修行的山洞位於海拔三千四百公尺的羅布泊（意即珍寶洞），那裡有一大片岩壁，如今依傍岩壁興建多間閉關修行小屋，旁邊裸露的大片岩壁，據說有緣者可以看到二十一尊觀音顯像。還有一股神泉自岩壁深層岩孔中流出，可治百病。

另一側山腰有一筍壯巨石，高五百多公尺，雄立挺拔，下臨石筍溝內有一溶洞，需攀爬懸梯才能到達，洞口低矮狹窄，通道細狹曲折，進去後，洞內寬敞，洞壁岩紋形成絕妙的圖案壁畫。有根砍刻成十八節階梯（節距約半公尺）的十多公尺長獨木梯搭在洞壁，洞口低矮狹窄，長梯如何帶進洞裡？成為千古之謎，因此被稱為「神仙洞」。

石筍溝一帶還有許多藏傳佛教修行聖跡，最大的桑丹浦（浦即洞的意思）頂部呈一蓮花形，正中形似人肚，洞內寬闊形成天然廟宇，有經堂、儲藏室和茶房等，傳說就是大譯師毗盧遮那閉關修行洞。另有太陽洞、月亮洞等，都有許多高僧閉關修行過。

墨爾多神山眾多聖跡中，苯教和藏傳佛教共享的著名聖跡是自生塔，位於神山西面，豎立著高約三四十公尺的數座石塔山峰，直指蒼穹，石塔上有許多天然壁畫佛像，據說有的白天看不到，夜晚月光下才會顯現，神秘奧妙；而且石塔每年還在往上生長中，非常神奇。

祭祀山神將軍和其坐騎的寺廟位於岳扎鄉，目前由格魯派管理。寺廟外側的巨石俗稱「大石包」，頭朝向神山，尾朝向小金河，嘉絨地區不同方言區對其稱呼也不同，無論是墨爾多神馬、墨爾多神騾、墨爾多神獅等都是指大石包。

從小寺廟正面看自生塔。

|右
登頂途中經過多處嶙峋怪石，兩旁都是陡峭深崖。

|左
此處舊稱通天險道，二〇〇七年本地人發動堆疊石塊，利益朝聖者行走。

|下
紅磚屋為苯教僧寮，山壁上有自顯雍仲符號及大鵬金翅鳥等；右側白石屋為佛殿，內有一閉關山洞及聖泉。

|上
神山頂係瘦長形的岩石峰，腹地不大，掛滿風馬旗。

|左
羅布泊修行小屋全依傍岩壁而建。

|右
墨爾多寺和墨爾多山神將軍的座騎大石包；後上方為寶瓶香爐。

二〇一四年網路初識墨爾多神山，隔年，意外獲友人相贈一九九七年出版的中文書《墨爾多神山——神秘的大自然群雕遺產》，興起轉墨爾多神山的念頭。

二〇一六年六月到丹巴，住中路東坡藏家，結識自丹巴文化館退休的益西桑丹老師，年輕時轉過神山，告訴我當時（端午節）天氣多變，不適合轉山；他送我一本一九九二年出版的《墨爾多神山誌》，薄薄數十頁，中藏對照，是取自神山玉札鋪岩洞的珍貴伏藏，對蓮師和弟子們在神山的修行聖跡有諸多描繪。（可惜今日已很少人清楚那些聖跡的確切位置）

二〇一七年八月底我再度前往，因東坡藏家改外包經營，桑丹老師失聯，於是我改住離登山口三家寨較近的甲居藏寨，民宿主人阿加夫婦熱心善良，介紹我認識原本就要去轉山的親戚拉吉，拉吉強調一定要在兩天後的農曆七月初九出發，隔天登頂，因為初十是墨爾多將軍生日。

一般轉墨爾多神山都排三天，網路記錄還有人因天候不佳走了四天。拉吉排二天，他才四十多歲，我跟得上嗎？

我把顧慮告訴拉吉，他想了想，回答萬一到時候我真的走不動，可以在鞍部休息，等他和女兒及友人登頂下來，再一起下山。

我想這樣也行，藏傳佛教徒轉山原本就不登頂。

另一大問題是：他們為苯教徒（丹巴大多信仰苯教），有關蓮師和毗盧遮那修行洞等聖跡，一問三不知，只說在自生塔有個小山洞，其它不詳。

轉山前一晚開始下雨，我一早起來修《上師相應法》，祈請蓮師加持。

從海拔一千九百公尺的三家寨橋開始徒步，天氣不佳，小雨不斷。一路沿著查普溝上行，時左時右，不斷過獨木橋，前後十多次。

抵達海拔三千六百公尺的自生塔後，天氣漸放晴，拉吉對我說：「今天走了近七小時，你體力不錯，明天

登頂沒問題。」

　　呵呵，我這個年過六十的老婦人應該讓他們跌破了眼鏡！

　　自生塔旁有間苯教小寺廟和僧寮，一位僧人在管理，一旁供朝聖者住宿的三層樓山屋就是僧人父親發心建造的，費用隨喜。這天共住了二十多人，全都要趕在明天墨爾多山神將軍生日登頂。

　　拉吉說的小山洞，洞口建了一苯教小佛殿，洞內有一聖泉。僧人介紹是苯教高僧昔日閉關洞，和蓮師無關。

　　曾看到資料記載：一九八七年，法王如意寶朝聖墨爾多神山，親自予以開光加持、廣大薈供，天空出現彩虹等瑞相，並出現兩座自生石塔。

　　我拿這事請教拉吉他們，全都說自生塔自古以來就存在。

　　半夜二點多我起床修〈上師相應法〉，三點拉吉他們起床，簡單用過早餐，拿著手電筒出發，一路在森林中陡上，行行復行行，兩個多小時後天空漸亮，天氣依然不好，時雨時停，四周迷霧濃密，偶而稍開，林木蒼翠，雲海升騰。

　　途中多次需徒手攀岩，又經過滿佈大小岩石的亂石堆，爬上風馬旗飄揚的山口，繞行到墨爾多主峰後方，攀行最辛苦的一段後，就在我體力即將告罄前終於登頂。共走了五個半小時，爬升將近一千二百公尺高度。

　　用多功能手錶測高度約四千八百公尺，就算加上頂峰堆高的石堆，也不可能破五千公尺，不知為何網路資料都記載山頂五一〇五公尺？

　　山頂是瘦長形的岩石峰，拉吉三人忙著燒香祭祀，我把阿加讓我帶上山的米粒、紅花和黃花等灑在山頂祈福後，順轉繞行朝聖，半路和他們碰個正著（苯教習俗逆時針方向轉山），彼此相視一笑，錯身而過，繼續各自的繞轉。

　　下山時一路陡下，走了近四小時抵達海拔三千四百公尺的羅布泊，蓮師閉關過的山洞，目前有人在閉關，

外面用柵欄擋著，不給進入。往前不遠的岩壁下另有好幾間閉關修行小屋，還有一間苯教小佛堂。

從羅布泊又下坡近一小時，接到山區簡易車道，拉吉說往下路就好走了，走到墨爾多寺大約四小時。

兩天內從海拔一千九百公尺爬到四千八百公尺山頂，再下到當前約三千公尺，看到車路後，身心一鬆懈，我再也走不動了，打電話請阿加開車來接。

《墨爾多神山誌》記載：「圍繞墨爾多神山轉一周，相當於念經七萬遍。來生不得下地獄，今生也能消災難。」

我這樣不知算不算轉山一周？無論功德多寡，願將所有功德回向給如母眾生～

雨後墨爾多神山雲霧飄緲，空靈神祕。（攝於中路）

甘孜縣
東廓神山 ﾖ ﾞ ﾄ ﾞ ﾝ

在康區，代表蓮師身語意的三座神山，分別是甘孜縣奶龍神山（即東廓神山）代表蓮師之身，屬相為雞；爐霍縣瓦尼神山代表蓮師之語，屬相為狗；新龍縣扎嘎神山代表蓮師之意，屬相為豬。三者合稱「康區蓮師三神山」。

東廓神山（或譯東谷神山）位於甘孜縣東北方的東谷區四通達鄉，若從色達縣走舊路前往甘孜縣，距甘孜縣城大約七十公里時，公路蜿蜒，一座山峰巍然聳立，這座大山就是東廓神山。

相傳東廓神山是蓮師在藏區點化的二十四座神山中之一，由觀音、文殊、金剛手三峰和一長壽谷組成。每逢藏曆雞年，觀音菩薩、文殊菩薩和金剛手菩薩都會於此相聚，因此，雞年來轉山的藏民絡繹不絕。

繞轉神山一圈將近十公里。順著山徑向上爬，會一再與之字形的盤山公路相遇，一路聖跡無數，四周山中有許多岩洞，自古以來都有修行者閉關。

資料記載東廓神山海拔四千六百多公尺，但我朝聖時，走到最高點測量海拔只有四千一百多公尺，目測山頂，也無五百公尺的高差。

一九八二年，寺址距東廓神山九公里外的格魯派東谷寺，在神山的文殊菩薩山峰下修建了一座白塔，又在東峰山腰岩洞中塑建了一尊高四公尺的彌勒佛像，而原本在山腳下路旁的一潭據傳有治病和驅邪功效的清澈藥泉，也被圍在東谷寺新建成

海奧華預言
第九級星球的九日旅程
奇幻不思議的真實見聞

作者／米歇・戴斯馬克特（Michel Desmarquet）
譯者／張嘉怡　審校／Samuel Chong
定價400元

★ 長踞博客來暢銷榜、入選2020最強百大書籍
★ 榮登誠品人文科學類排行榜第一名
★ 知名Youtuber「老高與小茉」「曉涵哥來了」「馬臉姐」談書解密

疫情當前，我們可以為「母星地球」做些什麼？
滿足物質生活之外，靈性的提升是否才是關鍵？

一道神秘的天外之光，即將引領世人朝向心靈醒覺！

內容看似令人驚歎的科幻小說，卻是如假包換的真實見聞——作者米歇
受到外星人「濤」的神秘邀請，去到金色星球「海奧華」，並將其見聞
如實記錄成書、廣為流傳，讓讀者對「生命」、「靈性發展」及「科技
文明」之間的關係有更深度省思。

| 上
順著山徑向上爬，
會一再穿過之字形
盤山公路。神山藥
泉即位於左下方金
頂殿堂的庭院內。

| 左
上方白色山坡有一
天然自成的長壽鳥
圖案，象徵神山本
命年為雞年。我朝
聖時天候不佳，藏
於雲霧中，此圖係
翻拍《東谷乃龍神
山簡介》。

| 右
轉山道上有許多天
然自成的岩石造
型，都被綁上哈達。

天雨地溼，有些朝聖藏民身著塑膠布，以大禮拜方式轉山。

的小殿堂庭院內。

彌勒佛像所在的岩洞稱為彌勒洞，是個天然形成的巨大岩洞，洞中有洞，從其中一個小洞口穿出後別有洞天，據說與五台山的佛母洞一樣，入洞象徵「投胎佛母」，出洞象徵「佛母重生」，能脫胎換骨，消除業障。

我朝聖走到洞口時，看到洞壁拉設電線和燈泡，沒亮，也找不到開關，往裡幽深漆黑，用相機閃光燈拍照，四周洞壁全是造型殊異的石灰岩。

繞轉神山一圈回到山下，進東谷寺小殿堂朝聖藥泉時，請到一本東谷寺出版厚達二百頁的《東谷乃龍神山簡介》，列出多達一百六十五個聖跡，以藏文為主，漢文簡介很少。

翻閱後，吃驚發現蓮師法座和腳印位於轉山半途，小路旁的山坡下林中，因為路旁沒標示，我竟然錯過了。唉，咫尺天涯！

這片山壁藏民說有許多吉祥顯像，請觀者自己參悟。

阿佳拉（藏族對已婚女性的尊稱）身後的洞穴象徵中陰，若能順利鑽過，代表死亡時也能順暢通過中陰。

有治病和驅邪功效的神山藥泉，雖小小一池卻終年不涸，取之不竭。

彌勒洞位於斷崖上方，前往途中，下方的轉山道及盤山公路一覽無遺。

下山途中回望彌勒洞，洞口小殿堂係東谷寺修建。

白玉縣
吉祥尊勝菩提法洲 དཔལ་ཡུལ་རྣམ་རྒྱལ་བྱང་ཆུབ་ཆོས་གླིང་།

　　白玉寺位於白玉縣城北坡，是康區著名的寧瑪派寺廟，寺址四周地形具有吉祥之相，因此命名為「吉祥尊勝菩提法洲」，依藏語發音簡稱為白玉寺。

　　這裡是蓮花生大士親自加持過的聖洲，也是大譯師毗盧遮那等高僧曾經修行的地方。此外，號稱「白玉三父子」的大成就者噶瑪恰美、大伏藏師明珠多傑和大持名昆桑謝饒的大圓滿虛空藏法（即天法）的體系傳承，也是在此流傳下來的。

雨過天青，兩道彩虹環繞「吉祥尊勝菩提法洲」白玉寺。（堪布陳嘎攝）

白玉寺正式建寺於一六六五年，但早在西元八百九十年，現今寧瑪派六大寺還沒出現前，蓮師王臣二十五弟子中的瑪托仁青的大弟子吉熱確炯旺波就在白玉地區創建了寧瑪派康區第一座道場，他是大幻化網的殊勝法主和重要傳承人，在此地講修大幻化網密續，得到無上成就。後來噶陀開山祖師噶當巴德協等大修行者也在此修大幻化網密法。

根據記載，白玉寺在最鼎盛時期，有僧眾三千多人，大分寺一〇八座，小分寺二千多座。目前白玉寺的法脈已經流通到世界各國。蜚聲海內外的色達喇榮五明佛學院也屬白玉傳承。

文化大革命期間，白玉寺遭到破壞，變成荒敗果園。改革開放後，自一九八二年開始，圖松法王進行重建，先後完成大殿、護法殿、佛塔殿、銅色吉祥山光明殿、講經院、閉關中心、高級佛學院、佛學院附校等，同時逐步恢復講經與實修，使白玉寺再度成為修學與宏揚佛法的殊勝聖地。並於二千年為嘎瑪古千法王舉行坐床儀式和慶典，任命他為第十三代寺主。

今日白玉寺幅員廣闊，佔據了縣城旁邊整個山坡，各式殿堂和僧眾修行小屋依坡而建，鱗次櫛比，相當壯觀。

位於白玉寺大殿後面的是孜瑪護法神山，是白玉不共的護法，平日禁止一般人上山，女性更不被允許。

白玉佛學院右後側的高山是達廓神山，據說當年白玉大持明昆桑謝繞尊者在神山攜四眾弟子舉行法會，突然聽到遠處傳來老虎嘯聲，尊者自言自語：「我明白了，我明白了。」接著說：「原來此山是大圓滿初祖極喜金剛噶拉多傑加持過的光明神山！」最後取出兩處伏藏水，解決了神山原本沒水的困境。

「達」是老虎，「達廓」就是聞虎音而明性的意思，此神山具有非常特殊的加持力，無數喇嘛都在這裡修行獲得最高成就。

從佛學院下望，右側小山頂為蓮師銅色吉祥宮殿，正前方遠處即金沙江
對岸的班章神山，山頂係自然形成的蓮花帽，帽後有蓮師閉關修行洞。

朝聖班章神山途中，金沙江畔的白玉縣城及白玉寺盡納眼底。

從班章神山高處望向達廓神山；右側淺黃草坡即貝諾法王前世與轉世居住處。

蓮師曾預言:「康區會有一位叫明珠多傑的大伏藏師,將持有一百種伏藏法。」這位大伏藏師即蓮師二十五弟子中的修普帕機絑機乘願轉世而來。

據說尊者巴千都巴曾在這塊石頭打坐修行「扎龍」,當時漫天下雪,天寒地凍,但尊者四周方圓的積雪全部融化。

在達廓神山稜線上,原本建有貝諾法王前世巴千都巴的寺廟,但已化成殘垣,旁邊重建了一間殿堂,包括護法殿和集會大殿,還有貝諾法王的寢宮,法王小時候一直在此讀書,現今小法王也是住在這裡。

再往上是昆桑謝繞尊者昔日閉關修天法的地方,從三十五歲以後直到圓寂,尊者偕弟子常年於達廓神山閉關,修持扎龍和妥噶,直至圓滿證悟。

白玉寺四周被眾多神山圍繞,隔著金沙江對面是班章神山,當年圖松法王六歲被隆重迎請到白玉寺時,過程中,班章護法山神多吉贊度勝敵金剛,穿白衣騎白馬,出現迎接圖松法王。當時眾多信眾親眼目睹。

班章神山最高峰有天然形成的蓮師蓮花帽,蓮師帽後面有蓮師閉關洞。接近山頂處,有棵柏樹據說是噶當巴德協的手杖長成的,也是班章山神多吉贊度拴馬的地方。

此外,還有昂托神山、朵拉神山、白度母神山、喇努神山、古拉通神山等環繞在四周,難怪此地被稱為吉祥尊勝菩提法洲,整個地形具有大吉祥之相。

於二〇〇八年圓寂的貝諾法王舍利塔。

白玉閉關中心光明禪院，可同時容納五十位僧人進行長期閉關。

白玉佛學院學僧於每天傍晚進行辯經練習。

宗學佛聚宮 ৰূང་ঙ্গॅन་ব্বঽॆ་গ་৾৾ঀঀ৾৾৾৾৾৾৾৾৾৾৾৾৾৾৾৾৾৾৾৾৾৾৾৾৾

　　噶舉派修持聖地「宗學迭謝篤悲頗章」（意思宗學佛聚宮，簡稱宗學寺），位於白玉縣熱加鄉的教美本藏山（三姐妹山），海拔四千二百多公尺（有些資料寫四千七百公尺），自從西元八世紀，蓮花生大士在教美本藏山傳法，並與弟子們在此閉關後，這裡就成為一個偉大的閉關修行聖地，這給一八七七年宗學寺的創建奠定了神聖輝煌的基礎。

　　有關宗學寺的簡史，是由第一世蔣貢康楚仁波切、第一世宗薩蔣揚欽哲汪波、第一世卻玖德欽巔巴和第一世欽涅繞寧巴撰寫的。記載十九世紀七〇年代某一天，原本在德格縣八蚌寺附近山上閉關修行的蔣貢康楚仁波切，出現在白玉縣熱加鄉的教美本藏山，當時從八蚌寺到此地需花一兩天艱難的騎馬行程。

　　當蔣貢康楚仁波切進入教美本藏山區時，碰到一位牧民，他問牧民名字。

　　「格里松（藏語順利的意思）。」牧民回答。

　　「家中養了多少頭奶牛？」

　　「七頭。」

　　蔣貢康楚仁波切從牧民的回答中感覺這是一個吉祥地，於是在山上建了供七位喇嘛閉關的七間木屋及一座寺廟，取名為宗學寺。

之形路攀升抵海拔四千四百公尺的隘口，宗學寺現身在下方山谷中。

由於蔣貢康楚仁波切在西藏聲望顯赫，自各地慕名而來的喇嘛絡繹不絕，宗學寺成為蔣貢康楚仁波切講經、傳法的要地，後來並成立了佛學院。在遭遇文化大革命破壞之前，宗學寺一直是西藏規模很大的寺廟之一。

有一天，蓮師佛母耶謝措嘉告訴蔣貢康楚仁波切，宗學寺所在的教美本藏山是蓮花生大士及王臣二十五弟子閉關修行的地方，宗學寺與蓮師的淵源自此密切聯結。佛母還指示，圍繞宗學寺朝聖，外轉最大一圈相當於持誦一百億次六字大明咒的功德，中轉一圈相當於持誦五十億次六字大明咒的功德，內轉一圈相當於持誦二十五億次六字大明咒的功德，尤其是在神山本命年的兔年，轉山功德最大。

宗學寺在文革中被毀，一九七七年重建，目前有一座主寺、數十所閉關房及眾多閉關岩洞。小轉山時是從寺廟大殿啟程，大殿正後方的山頭代表身功德，順轉時，往前依序出現山頭分別代表語功德、意功德，以及功德和事業。小轉基本上是以代表意功德的山峰為中心點繞行一大圈。

一路可看到寺廟周邊山岩上有蓮花生大士、耶謝措嘉和許多大成就者留下的腳印、手印，清晰可見，石壁上還有各種自然顯現的嗡啊吽藏字，金剛手菩薩像，長壽寶瓶，噶瑪巴九世腳印，石上自然顯現的花卉，八吉祥圖，長壽水，毗盧遮那修行洞，毗瑪拉米扎修行洞……等，聖跡不勝枚舉。

石上自然顯現的花卉圖案，各式各樣，小而美。

小轉山路線以圖中央的小山峰為圓心，繞行其四周的大小山峰一圈。

蓮師和耶謝措嘉的腳印就在代表語功德的山峰下方岩壁上。

|上
山壁上眾多山洞，是蓮師及二十五弟子閉關
修行處。

|右
蔣貢康楚仁波切修行洞，入口建了小佛堂。

|左
蔣貢康楚仁波切腳印。

|左
類似小石山有五座，繞
行五座的功德相當於朝
聖山西五台山。

|右
噶瑪巴九世腳印聖跡。

|下
環繞宗學寺四周的山峰
千變萬化，相當奇特。

原本不知宗學寺,某回逛網站,看到一篇宗學寺丹增尼瑪祖古弟子寫的文章,才知道這是個大聖地,而且離我傳承的白玉祖寺不遠。

抵達白玉祖寺,與認識的堪布陳嘎商量行程,他沒去過宗學寺,但認識丹增尼瑪祖古,原來他們是白玉佛學院的同學。堪布立即打電話聯絡。

一九七七年誕生於白玉縣熱加鄉的丹增尼瑪祖古,幼年聰明善良有慧根,十二歲時被熱加寺上師選中出家,十八歲時到白玉佛學院學習。一九九六年,大司徒仁波切(即泰錫度仁波切)認定他是二十世紀中葉虹化的大成就者宗學次成仁波切轉世,並獲得大寶法王認證,舉行坐床典禮,從此,丹增尼瑪祖古從寧瑪派變成噶舉派,並主持宗學寺。

我們包車自白玉寺出發,二十六公里後離開縣道彎進往嘎陀寺的叉路,沿河前行約九公里後過橋,出現標誌右往嘎陀寺,宗學寺需往左走,但沒任何標誌,繼續沿小河上行近三十公里,路旁出現一座白塔,同樣沒有任何標誌,從白塔左轉,改沿小山溪爬升,路面顛簸,約十多公里抵海拔四千四百公尺的隘口,居高臨下,宗學寺出現在下方山谷中。

站在陡坡邊緣,俯望四周被雪山包圍的宗學寺,我心中溢滿對昔日在此閉關修行者的無限敬佩與崇仰。迢迢路遙,今日我們搭乘高性能的吉普車,一路顛簸翻越無數崇山峻嶺,耗時大半天才抵達,而昔日修行者幾乎只能徒步,頂多騎馬……。

宗學寺祖古人在內地,由一位喇嘛帶領我們小轉一圈。朝聖蔣貢康楚修行洞出來時,雪花飄揚。

我驚喜喊:「下雪了!」藏民相信朝聖時遇到下雪是善妙緣起。

六月猶飄雪,寒冬想必大雪紛飛,喇嘛說冬季來臨前,他們就必需先貯存足夠的柴火和糧食,因為經常在一場大雪過後,對外交通就中斷,與世隔絕。

心中一震,惟有在這樣刻苦的環境裡,下定決心,沒有退路,只有向前,精進修行,才能有大成就吧!

白玉縣
亞青鄔金禪林 ཡ་ཆེན་ཨོ་རྒྱན་བསམ་གཏན་གླིང་།

　　亞青寺全名亞青鄔金禪林，簡稱亞青寺，位於白玉縣昌台區阿察鄉，屬川西高原深處，海拔約四千公尺。始建於一九八五年，由大圓滿成就者喇嘛阿秋仁波切（阿秋法王）所建，主傳寧瑪派大圓滿實修教法耳傳竅訣（成熟口訣法），包括徹卻（直斷）、脫嘎（頓超），嚴格要求弟子閉關實修。雖然歷史並不很久，但已成為藏漢僧人學習大圓滿法的引導處所，在藏傳佛教中擁有殊勝的地位。

　　許多年以前，寧瑪派著名的大伏藏師色拉陽智尊者（忿怒蓮師的化身）曾來到亞青，並作出「若於此建寺將令教法興盛」的授記。

　　現今亞青寺的「圓滿光明殿」（大經堂名稱）仿照桑耶寺主殿「鄔孜大殿」而建，外形氣勢磅礴，內有一百六十根柱子組成，這一切都有深遠的喻意。

　　蓮花生大士曾對喇嘛阿秋仁波切今生弘法利生的事業授記：「於此明空原始怙主之遊舞，毗盧遮那香雪海之化身佛土，百花盛開所嚴飾之南瞻部洲之顛清涼雪域境內，第二銅色吉祥德山，亞青鄔金禪林中，龍薩娘波尊者的化身蔣陽龍多嘉參尊者（阿秋仁波切）將成辦廣大教法和利益有情之事業。」並授記亞青寺未來將有眾多弟子虹化。

講堂門口鞋子散佈一地，表示有高僧在裡面講經說法。

位於扎巴、覺姆兩區中間的大瑪尼堆。

生活刻苦的覺姆，三五成群在河邊洗衣。

如今亞青寺已有眾多弟子顯現出成就的徵兆，有的圓寂後出現五彩舍利、彩虹貫空、遺骨成水晶及自生佛像等。

在亞青寺修學，生活極為艱苦，交通不便，物資匱乏。不同於色達喇榮五明佛學院依山坡而建，亞青寺修行者的房屋大多繞河興建。整個亞青寺周圍以河為界分為扎巴（僧人）、覺姆（阿尼）兩區，共約有兩萬多僧尼，住在自行建立的小屋。每當清晨或黃昏，覺姆島上炊煙瀰漫，伴隨著頌經聲隨風飄揚，猶如天籟。

覺姆居住的小島三面環水，以水泥橋和外面相連，小島聚集了上萬覺姆，是世界上女性僧眾最多的地方。寺廟戒律嚴格，出家的男僧人，無論本寺或外寺，都不准踏足小島。

每年十一月，寒冬將至，寺廟的課程即將結束，百日閉關的日子就要到了。每當入冬，覺姆們就會進入一個僅容得下一人打坐的「火柴盒」閉關小屋，進行為期百日極其艱苦的閉關修行。

僅容得下一人打坐的「火柴盒」小屋，是百日艱苦閉關的修行處。

覺姆居住的小島三面環水，以橋和外界相連。

二○一○年底決定朝聖白玉祖寺，向上師報告，上師給我他十多年前於白玉佛學院任校長時管家喇嘛的電話，並交代一包物品，要我設法轉呈亞青寺阿秋仁波切，上師曾於仁波切座前接受四個月的口耳傳承，仁波切還在僧眾前讚嘆上師，預言他將來會利益很多眾生。

本想親自送物品到亞青寺，拜見阿秋仁波切，但路經進亞青寺的路口時，大群公安在臨檢，我擔心前年我在甘孜莫名其妙被以安全為由強制驅離事件重演，那就連祖寺也去不成，因此沒下車。後來物品交給管家喇嘛代轉。

隔年，阿秋仁波切圓寂，法體只餘六十公分，仁波切以高證量顛覆了「密法廣傳即無法虹光成就」的說法。

我為自己錯失謁見仁波切而扼腕，後來看到一篇摘錄自阿秋仁波切對漢地佛弟子求見的開示才釋懷：

幾位居士從內地各處風塵僕僕趕到亞青寺，興致勃勃求見法王，不料卻吃了個閉門羹。於是一起長跪於法王門外。最後，終於得到法王召見。

一見面，法王毫不客氣地問：

「你們如此堅定的要見我，到底想求什麼？」

「我們不遠千里而來，懇求您加持，在您跟前受皈依、跟隨您修正法。」

法王一針見血地呵斥：

「你們不去依止一位能夠方便為你們引導的具緣上師，而搞著一顆攀比名氣的心，大老遠跑來求見我這老頭子。像這樣的眾生，我實在無力度化！如今你們漢地學佛的弟子們多疑、嫉妒心重、喜新厭舊、好高騖遠、虛榮好鬥的習氣太重。……即便求佛學佛，也絲毫不放鬆自我名利追求的習氣，都是爭先恐後、一窩蜂地要去拜見那些有名的上師，去求那些有名的大法，去爭作一個頗有世面的名流修行人。如此以貪心學佛，於自身將毫無利益……千萬不要執著上師的名氣大小，一定要好好觀察

自己與上師具不具緣，這才是我們依止上師的關鍵呀！」

二〇一五年三月，終於如願朝聖了亞青寺，唯一的亞青賓館停業，找了許久找到一間藏式民宿，小小房間內，只有一張床、一張椅子和臉盆，廁所在庭院對面角落。隔晨醒來，空氣冰冷，溫度接近零度，裹著睡袋早課，思緒卻飄移，回到山坡上那些僅容一人打坐的火柴盒小屋。

我在屋內，時序三月，如在冰庫，而那些百日艱苦修行者在戶外，只有薄薄的木板或瓦楞紙箱為牆，時序是大雪紛飛的冬季～

僧俗大眾齊轉瑪尼輪，一心專注。

白玉縣
噶陀金剛座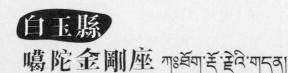

　　寧瑪祖庭噶陀金剛座，位於白玉縣河坡鄉白龍溝朵念山腰，海拔約四千八百公尺，是寧瑪派六大道場中最著名的一座，於一一五九年由高僧噶當巴德協所創建，全稱「噶陀多吉丹」，多吉丹意思是「金剛座」，噶陀意思是「噶字上面」，由於寺廟所在位置有塊光滑的巨大白石，石上有一天然藏文字ཀ（讀音為噶），因而得名，簡稱噶陀寺。

　　依據記載，這裡地貌神奇：「天空呈八輻法輪。地形似八瓣蓮花。後山之巔巍峨如蓋白色巨傘；前山如右旋法螺；右山如百寶聳立，又如斑斕猛虎下山；左山如青紗緞面鋪張其上，大象昂首馱負八萬四千法蘊……。」

　　在此聖地，蓮花生大士君臣一行駐留修行一年一個月又二十五天，蓮師親自為此地作了十三次加持，留下許多殊勝印跡。《噶陀史略》記載蓮師曾說過：「南瞻部洲之邊遠地，雪域大地之中心，噶陀不變金剛座，五法輪（即頂喉心臍密輪）具靜猛地，吾雖有許多修行處，唯此係眾地之主。」

　　八百多年以來，於此地虹化成就的修行者已有十萬之多，「虹化十萬尊」成為噶陀寺獨有的殊勝，也昭顯出寧瑪派大圓滿法修行可使眾生獲得永恆解脫的真實性。噶陀寺因此擁有「第二金剛座」的美譽，與印度菩提伽耶佛陀悟道成佛的金剛座具有同等加持力。

這座大幻化網立體壇城（文武百尊見解脫）依據蓮師所著、噶瑪林巴發掘的《中陰聞解脫得度》所述，並遵循相關經典記載的標準壇城尺度而設計。

舊大殿二樓有許多小殿堂，僧人固定修法。
圖為「蓮師心想事成殿」。

噶陀寺十萬虹光身成就者的閉關修行洞至今仍有許多存在，其中最著名的是當普閉關洞，是一千三百年前蓮師閉關修行過的聖洞，後來大譯師毗盧遮那被貶前往嘉絨地區時，路過此地也於此修行一個月。一一五九年噶當巴德協於此洞中修行七天，親見蓮師現前，供品甘露湧沸；後修長壽佛，也親見無量壽佛現前，之後此洞便被稱為「當巴祖師岩洞」，簡稱「當普」。

莫扎仁波切說過，在淨相中從下往上瞻仰，會看到兩公尺高的蓮師稀有身像。文革後，噶陀寺一片破敗荒蕪，但每逢藏曆初十蓮師薈供日和二十五空行薈供日，所有人都能聽到海螺和法號的妙音，非常奇特。

《化身剎土方誌》中提到：「岩石外如三人議密事，中間山腰穴行化身處，乃吾蓮師修法之石洞，如同開啟天窗般明亮，修持三年空行持明處，此乃隱密最勝秘石窟，恰如拂洲蓮光吉祥山。」

噶陀弘法事業最盛時，分佈在各地的分寺有三百多座，文革時，不僅聳立在高山峻嶺上的噶陀寺遭到破壞，其它寺廟命運也相同，僅餘海外分寺。直到中國改革開放後，陸續修復，至今已恢復了二百多座。

二〇一六年前往時，佛學院正在擴大興建中。

二〇一六年六月我首度前往噶陀寺，找蓮師洞時走錯路，困在尖形岩峰右側陡崖，好不容易下撤，爬到此攝影位置遠眺，發現當普洞就在尖形岩峰左側（白色小屋）。因時間不足，抱憾離開。

二○一六年底再度前往，順利找到當普洞，需先爬木梯，再循石階而上。

當普洞內壇城雖小但非常殊勝。

鐵片下方有一小水池，是噶當巴德協伏藏曲泉源頭，莫扎法王說自生的ᨩ字下方有隻伏藏主神蛙，仍居於此。

寺後山坡上，以風馬旗排列成釋迦牟尼佛聖像。

《噶陀史略》中對開山祖師噶當巴德協的殊勝成就有許多描繪，我印象最深刻的是噶當巴德協圓寂前對弟子所作的最後叮嚀。對佛弟子而言，這段叮嚀非常受用。

在他七十一歲時，他召集所有弟子，告誡他們：

「不論你們的見地有多高，佛法的精華在於律儀，所以一切言行舉止，要仔細謹慎；佛法的要旨不在於對語句經文的通達，而在於其中勝義心要的理解與實證；不論在顯密大小乘任何次第中，沒有比調伏自心更為重要！你們應該將自己放在卑微之處，謙虛地學習；你們要專心努力的修行，並要把修行當作唯一的目標。我的傳承上師之所以不斷有虹光化身者，都是因為修行的功德！如果當初我到岡巴地方修行，世人將會看到我虹光化身的成就。但是，為了讓佛法源遠流長，廣傳後世，我選擇了講經說法這條道路。對我來說，這兩者毫無區別，因

為我已得到了永恆圓滿的境地！」

他再三叮嚀：「一定要永遠記得菩提心，不可忘失；修行一定要反觀自性，不向外求！」

此時，噶陀寺作了一個盛大的薈供。薈供圓滿後，弟子們知道上師即將涅槃，再三請求他住世，他說：「此身真實利益眾生之因緣已盡，我即將到無量光佛的淨土。祈願佛法綿延長存，昌隆廣布，持法者常住世，利益眾生！」

然後面向西方，跏趺而坐，結心性安息印，示現涅槃。

這時是西元一一九二年，藏曆四月十五日，也正是釋迦牟尼佛入母胎、成道與涅槃的日子。

尊者涅槃之時，剎那間大地震動，聲如雷鳴，如是異象共出現九次。而後，從西方日落之處生出彩虹，一直延展到尊者涅槃之處，猶如一座七彩拱橋；晴朗的天空忽然紛紛飄下白色雪花。所有目睹瑞相的眾生都生起無比的虔誠心，結下善緣解脫的種子。

色達縣
喇榮五明佛學院 ब्ल་ཅེང་ཕ་རིག་ནང་བསྟན་སློབ་གྲིང་།

　　喇榮五明佛學院所在地喇榮溝（山谷），距色達縣城約二十多公里，古以來就是聖地，一世敦珠法王自傳如此記載：「這裡有藍得讓人心醉的天，如詩如畫的雲，還有我樸實無華的小木屋……，生活了二十多年的喇榮山谷，不僅孕育了我的智慧生命，還長養了我的智慧身體。」

　　一世敦珠法王是蓮花生大士二十五位大弟子之一切穹譯師的轉世，他充當蓮師的事業代表，距今一百多年前來到喇榮山谷建立道場，培養弟子。當時身邊一百多位修行人中，有十三位在此地成就虹光身，在寧瑪派教史寫下光輝的一頁。

　　佛學院創辦者晉美彭措（信眾都尊稱為法王如意寶），也是源於此而建立了舉世聞名的喇榮五明佛學院。法王如意寶被喻為末法時代以佛法光明之燈引領世人駛往永恆安樂的一代舵手，於一九八〇年，在生活條件艱苦的喇榮山谷，樹立了寧瑪派的講修法脈。一九八七年，十世班禪喇嘛親題「色達喇榮五明佛學院」藏文匾牌。學院課程分顯教、密教和共同文化三部分，以戒律嚴格、艱苦修行、弘揚佛法而逐漸享譽中外。

　　剛開始只有三十二名學員，後來藏漢僧侶人數破萬，成為世界上最大的佛學院，期間發展並非一帆風順。本世紀初，由中國政府統戰部領導的工作小組曾進駐多年，並從二〇〇一年起下令學院停課，以「出於穩定的考慮」為由，規定不能進行跨地區宗教活動，

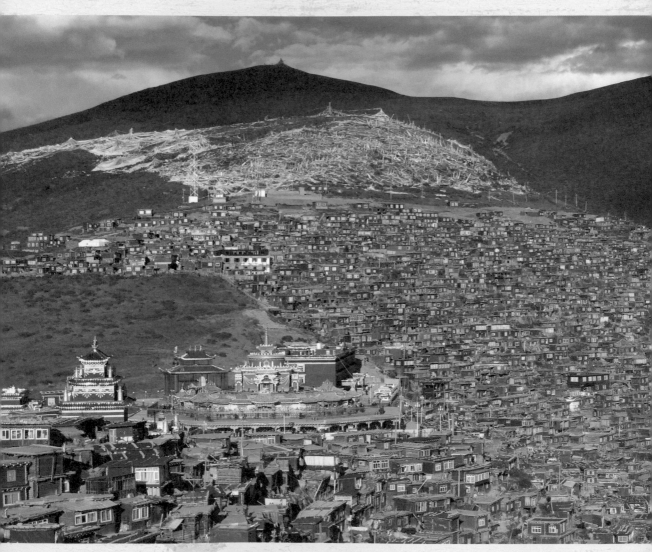

從小山頭觀看喇榮五明佛學院左半區景觀。

第貳部　大藏區蓮師聖地巡禮

喇榮五明佛學院右半區景觀，較大建築係大殿、講經上課學堂、食堂等。

僅留下約一千名喇嘛及四百名覺姆,其他人全被強迫驅離,修行小屋被當局拆除了數千間。那時中國公安會對來學院的人進行盤問和身份檢查,只有中國公民可以用旅遊名義短暫停留,港、澳、台胞和外國人都不許進入。後來才又放寬。

法王如意寶於二〇〇四年阿彌陀佛日打坐趨入定中示現涅槃,有許多不可思議的奇妙現象,如圓寂當日,空中出現圓形光圈,逐漸變成長條狀彩虹;圓寂後空中現出橢圓形及階梯狀的豎直形光團、法王身體明顯縮小等。在法王留下的遺囑中,有一段話我個人奉為指標:「……希望大家能記住兩個要點:既不要擾亂其他眾生的心;也不要動搖自己的決心。清淨戒律是佛法的基礎,聞思修行是佛法的精髓,弘法利生是佛法的結果。」

佛學院近幾年來開放天葬台讓有興趣者參觀,出於好奇心,連非佛教徒的遊客也趨之若鶩,每逢天葬進行時,山坡坐滿非藏民的觀禮者,與那些專吃屍體、一點也不怕人的禿鷲,一起等候。

這幾年來,當局以修行小屋過密、消防通道過窄、安全堪慮為由,再度進行拆遷,驅離籍貫不在當地的僧眾,據說拆除了近五千間修行小屋(外賓和台灣人再度又被禁止前往)。

另一側的山谷寧靜祥和，佛學院還未建立前的喇榮溝就類似這般景觀。

大殿前廣場。

大幻化網壇城（文武百尊見解脫），對其頂禮、供養、轉繞可獲無上加持。即使僅透過聽聞名號及觀看照片也能獲得不可思議的功德。

天葬台旁的山坡，停滿等候吃屍體的禿鷲。

第一次和色達喇榮五明佛學院相遇於大陸雜誌，那是一張居高臨下拍攝的跨頁大照片，影像非常具張力，一間一間櫛比鱗次的修行房，密密麻麻，看得我張口結舌，驚訝於這到底是一個什麼樣的修行聖地，能凝聚如此無與倫比的強盛力量！

二〇〇六年認識一個熱愛西藏的大陸背包客，她談起初次去佛學院的經歷，告訴我她如何從一個無信仰者轉變為虔誠佛教徒，最後定定望著我：「這輩子你一定要去一趟，那是個不可思議的山谷！」（二〇一六年她於喇榮五明佛學院出家）

二〇〇八年五月終於成行。接近喇榮溝時，路旁駐紮了規模龐大的武裝部隊，令人怵目驚心，拉薩 314 事件後，檢查趨嚴，我一路祈請諸佛菩薩護佑。

很幸運沒遇到臨檢，車子穿過佛學院牌坊進溝，山路緩緩而上，隨海拔攀升，路旁修行小屋逐漸增多，我有點近鄉情怯。突然，眼前一亮，蒼穹之下，群山之間，記憶中那張跨頁圖片影像走出書中跳進眼簾，山谷佈滿密密麻麻的小屋，如眾星拱月般簇擁著幾座輝煌的大殿。

當時只有佛學院經營的扶貧招待所提供住宿，簡陋的兩層木造房，接待人是位漢籍覺姆（藏東對女性出家人的稱呼），簡略介紹佛學院，上區是喇嘛區；中區是經堂大殿、居士區、小販賣部及個體戶餐廳；下區是覺姆區。喇嘛和覺姆相互不能進入對方居住區。全區惟一水源位在招待所下方百餘公尺處，屬天然湧泉。偌大範圍內只有一處公共廁所（現已改善）。

那次待了三天，白天精進個人修行、持咒轉大幻化網壇城、經行附近山嶺，晚上聽索達吉堪布漢語講《入菩薩行》，下課回到四周掛滿唐卡的招待所，於諸佛環繞中入眠。

我日夜沈浸在寧謐祥和的佛國氛圍，彷彿自己也是一個出家人。

後來又去過兩回，每每在黃昏時刻，爬上大幻化網壇城附近的小山頭，凝視沐浴在夕陽餘暉中的整個佛學院，塵世喧囂中的一方淨土……。

德格縣
佐欽白瑪塘 ཛོགས་ཆེན་པདྨ་ཐང་།

佐欽白瑪塘海拔約四千公尺，也就是今日佐欽寺所在的山谷，這裡是一個原始而美麗的聖地，是無上大圓滿法的修證中心，聲名遠播。後山有一座聖湖「歐哲雅涅」，四周山峰聳立，雲霧繚繞，神奇而美麗，湖邊有個非常殊勝的地方，稱為「蓮師的陽光袈裟」，是昔日蓮師埋下袈裟的聖跡。

大成就者第一世佐欽法王白瑪仁增於一六八四年創建佐欽寺，開始傳授大圓滿法，當時從四面八方有一千五百多位修行者慕名前來求法。從此，佐欽寺成為弘傳大圓滿法的源頭，也是專修大圓滿法的清淨道場。十九世紀中期，創建了佐欽熙日森五明佛學院，當時是康區最早、惟一的一所五明佛學院，於此造就了許多大學者，成為弘揚佛法的棟樑，更成就了許多大圓滿修行者於此即身成佛，化為虹光。

佐欽寺還是轉世活佛最多的寺廟，素有「百佛大寺」之稱。

據說佐欽寺是蓮師待在西藏的最後一個聖地，當蓮師及佛母耶謝措嘉到達佐欽時，見到佐欽上方有十萬空行雲集，因此蓮師預言，幾百年後此地會建立寺廟。然後，蓮師在山上洞穴閉關修行，加持此地成為其二十五大雪苑道場中的功德聖地。

據伏藏法典記載，蓮花生大士當時在這裡搭起白色絲綢帳篷，舉行盛大的甘露法會，然後將親製的甘露丸裝在法螺中埋藏在各處，也埋藏下製作甘露丸的伏藏法。

佐欽寺迎賓標語。

新建的蓮師吉祥宮殿和具體而微的尼泊爾滿願大佛塔。

從後山腰下望山谷，最右側為大圓滿閉關中心，中為佛學院及各式殿堂，靠近谷口的是寺廟區。

因此，伏藏法的甘露丸成為佐欽寺最大的特色，因為完全依照蓮師所傳的伏藏法製作。在每年佐欽寺年度六大重要大法會之一的「蓮師三根本甘露丸大法會」上，每次所供的朵瑪都會自然湧現甘露，而此現象僅出現在佐欽寺。

將寧瑪派龍欽寧提傳承發揚開來的如來芽尊者、巴珠仁波切、米滂仁波切等也都曾在佐欽寺有過很長時間的閉關修行，巴珠仁波切的鉅著《普賢上師言教》就是在這裡寫成的，巴珠仁波切在根本上師如來芽尊者座下先後聆聽了二十五次大圓滿龍欽寧提前行法，後來閉關時，現證自心猶如虛空般的實相大圓滿境界，並將上師教言彙集成文，給後人留下一部殊勝的論著──《大圓滿前行引導文：普賢上師言教》，被寧瑪派修行者奉為寶典。

巴珠仁波切修大圓滿托嘎的閉關洞，後來也有許多大成就者在此修行。

據說當年巴珠仁波切經常繞轉後山一殊勝瑪尼堆，後被稱為「巴珠瑪尼」；我無法確定是否眼前所見，但這也很殊勝，於是也持續繞轉。

用長鏡頭拍攝山谷對面掛滿風馬旗的大岩壁，我猜測蓮師修行洞就在這一帶，但卻找不到路越過溪谷前往。

二〇〇五年五、六月我獨行滇藏川，認識了敏珠林寺佛學院校長西夏堪布，堪布知道我要走川藏公路出成都後，力薦一定要去佐欽寺。

從省道彎進崎嶇不平的碎石土路，經過佐欽村，幾公里後，翻過山口，景觀豁然開闊，翠綠山谷在遠方雪山陪襯下，宛如阿爾卑斯山風光。那是我首次見到寺院擁有廣闊的大山谷，相當震撼。

那時我還未正式修學藏傳佛教，但當一抬頭看到架高的布條寫著「歡迎來到佐欽白瑪唐大圓滿閉關中心」、「茫茫眾生，就此安住於大圓滿之中吧」等詞句，心中萌生一份深深的嚮往。

從山谷盡頭往山上爬，資料記載有許多聖跡，全部走完要花兩天。我獨行經過森林、沼澤溼地、溪澗及岩壁，在林間山徑繞來繞去，全無指標也沒人可問路，結果一個聖跡也沒找到。

夜宿破舊招待所，十幾張床位的大空間只住了我一人，海拔四千多公尺的刺骨冷風沿破窗裂隙肆無忌憚鑽入，屋內像座大冰庫，月光透過沒有窗簾的窗戶照進空蕩漆黑的屋內，在冷風颯颯聲中，四下寂靜，唯一聲響是天花板上跑來跑去的大群老鼠，老舊天花板被震得不時掉落木屑，似乎隨時會垮下來。

二〇一七年八月二度前往，時隔十二年，舊招待所已拆建，寺廟增加許多新殿堂，還有一些建設正在進行中。

因緣不具足，仍然找不到喇嘛帶路，我獨自上山，一番折騰還是沒收穫，幸好有位喇嘛午間休息走出閉關小屋，在他指點下，我才找到巴珠仁波切修行洞。

遠望河谷對面，有個掛滿風馬旗的大岩壁，周遭幾間修行小屋，我推測那可能是蓮師修行洞所在，但穿越河谷看似簡單，卻找不到路過去，往

250　第<ruby>貳<rt>貳</rt></ruby>部　大藏區蓮師聖地巡禮

往看似有路，走一段後路跡就消失，不然就是遇到陡峭岩壁或結冰路段或湍急溪流。

打轉迷路了一個多小時，理智告訴我：再耗下去，天黑前無法返回。

於是走回巴珠仁波切修行洞，原路下山，打算隔天再直接從山谷對側上山。

人算不如天算，半夜開始飄雪，天亮轉為下雨，為了安全只好放棄獨自再上山。

本圖攝於二〇〇五年我初訪佐欽寺，進山土石路崎嶇不平，佐欽村陳舊寂靜；二〇一七年再訪，變成平整水泥路，村中也增建了許多新屋。

德格縣
協慶顯密興盛洲 ཞེ་ཆེན་བསྟན་གཉིས་དར་རྒྱས་གླིང་།

　　「協慶顯密興盛洲」是協慶寺（台灣譯為雪謙寺）的全稱，是頂果欽哲仁波切的祖寺，位於德格縣東北方，距離德格縣城二百多公里，海拔四千六百多公尺，於一六九五年由冉江滇佩賈參（為蓮花生大士化身）始建。當時，第五世達賴喇嘛指派他到康區建立一座寧瑪派寺院。當他到達康區，蓮師化現指示他在一塊狀似躍獅的白色岩石附近興建寺院，並授記他將會對眾生帶來廣大無邊的利益。

　　於是冉江滇佩賈參建立了雪謙寺前身——烏金曲仲，教導弟子，弘揚佛法。他也預言以後一個更大的寺廟將在山谷另一邊建立，佛法將非常興盛。

　　第二世冉江仁波切實現了他的預言，於一七三五年建立協慶顯密興盛洲，顯密經論並重，不久即成為寧瑪派六大主寺之一。

　　成立至今，培養出許多偉大上師，包括雪謙嘉察、雪謙康楚、頂果欽哲仁波切、邱陽創巴仁波切，以及其他許多二十世紀重要的上師都曾在此領受法教或駐錫於此。連並不依附任何寺院的米滂仁波切都常說：「雪謙寺是我的家。」

　　一九五七年，雪謙寺及其一百多座分寺被夷為平地。六〇年代初期，雪謙寺的三位主要喇嘛：雪謙嘉察、雪謙冉江和雪謙康楚，全都卒於獄中。一九八〇年代，頂果欽哲仁波切在尼泊爾加德滿都大佛塔附近興建雪謙寺，是西藏境外規模最大、最宏偉的寺院之一。一九八五年，頂果欽哲仁波切在流亡二十五年後回到德格，在

進入雪謙寺山谷有左右二條道路，此為右路山門，標示「德格協慶五明佛學院日月善說洲」。

左為文武百尊壇城，右為桑多巴瑞（蓮師吉祥宮殿）。

其號召及努力下，如今雪謙寺已排除萬難重建，全寺僧眾近千人。

寺廟東面為大鵬金翅鳥神山、西面為綠度母神山（雪謙寺僧眾慣稱「森給囊宗」，意思是獅子天空堡壘）、南面為二十一度母神山、北面為金剛橛神山，神山中各有很多昔日大成就者閉關修法的山洞，聲名最大的是綠度母神山中的松都巴喇山洞，往昔曾有希喇楊培尊者在此閉關，後來虹身成就，肉身縮小，該洞加持非常殊勝，藏民經常遠道而來朝拜。洞內並有蓮花生大士等大成就者留下的腳印聖跡。

另外，在八大法行洞的洞壁上，有自然顯現的八大法行本尊佛像及許多咒字；在耶謝措嘉佛母修行洞中也有許多大成就者留下的聖跡。

| 左
屋頂金塔為頂果欽哲仁波切的舍利塔。

| 右
森給囊宗山上的蓮師腳印。（慈誠喇嘛提供）

主殿區與綠度母神山（森給襄宗）。

雪謙寺全景，繽紛如畫。（慈誠喇嘛提供）

朝聖
扎記

第一回朝聖雪謙寺時，先朝聖了佐欽寺，因兩地之間沒有班車也沒拼車，我於是站在佐欽寺連接省道217線的路口攔便車，本想只要能搭到往雪謙寺的三叉河橋叉路口，再徒步十多里公路進雪謙寺。結果運氣很好，攔到一輛要往阿須鄉的沙石車，會路過雪謙寺，省去了我徒步的辛勞。

抵達雪謙寺，無一認識的僧人可聯繫，又因寺廟腹地廣大，經堂、佛殿和僧寮都很分散，沒遇到什麼人，惟一遇到的幾位喇嘛恰好又是外地來佛學院學習的學僧，一問三不知。

山谷中的各殿堂都鎖著，繞行一圈後，望向四周山峰，我判斷蓮師和耶謝措嘉修行洞應該就在東邊那座插滿風馬旗的山上，隱約可見山上崖壁有許多修行小屋，但找不到人帶路上山，時已過午，若不往回走，很可能攔不到便車出去。猶豫了一會，便離開了。

二〇一八年三月再度前往，出發前想起上師（堪布徹令多傑仁波切）十多年前在尼泊爾加德滿都雪謙寺佛學院擔任校長，後又多次受邀前往講經說法，雪謙寺堪布及學僧都尊稱上師為「堪千」（大堪布），於是請上師幫忙，經由尼泊爾雪謙寺輾轉介紹了一位德格雪謙寺喇嘛慈誠。

以電話和慈誠喇嘛聯繫上後，本來暗自高興，這回應可順利朝聖了，沒想到我從成都搭大巴進甘孜州，在康定之前的檢查站就受攔阻，被告知：「三月份外賓和港台澳人士禁止進入甘孜州，請立刻離開。」我和氣地問：「之前我曾經三月份進甘孜州，可以進，沒問題啊！」立刻被瞪白眼，大嗓門回我：「以前是以前，今年就是這樣規定！」（註1）

唉，和雪謙寺無緣，只好下回再見了。

註1：二〇〇八年拉薩314事件後，每年三月禁止外賓和台灣人進入西藏，相鄰的甘孜藏族自治州原本並未禁止，只增設檢查站，查驗往來人員身份證件。

德格縣
榮美嗳莫達倉 རོང་མེ་དཀར་མོ་སྟག་ཚང་།

　　蓮師閉關聖地「榮美嘎莫達倉」位於德格縣達馬鄉，由欽哲二世蔣揚確吉羅卓（一九五九年在錫金圓寂）於擔任宗薩寺住持期間，修建成「嘎莫達倉閉關禪修院」，目前此聖地仍由宗薩寺管理。榮美是地名，嘎莫是白色、達倉是虎穴的意思。

　　在閉關地接近山頂的草地上立有一塊石碑，以中藏文刻寫「嘎莫達倉聖地誌」，內容來自第一世蔣揚欽哲旺波所取的伏藏，說明蓮師曾在十三處名為達倉的地方，以忿怒尊多傑卓洛的身形示現，號令所有世間鬼神護持佛法，並囑咐他們守護這些聖地及伏藏。

　　這十三處名為「達倉」的聖地位於哪裡呢？「東方多康境中央，茲扎色莫網地域，隱地雪山圍繞邊，天然水晶洞北方，藏地吉祥出生處，白色大寶泉眼頭，降伏食人老虎邊，獅子傲然奮迅頂，心願成就之岩洞，三門解脫無量宮，寂猛本尊眾手印，梵藏元輔音字鬘，空性秘密圖畫等。」

　　但這些地方實際上是位於今日何處？仍然無法確切得知。看來這就是所謂的伏藏文，只有取藏的伏藏師才有辦法解讀。

　　在如此殊勝的聖地，有何功德利益呢？石碑上也記載得很清楚：「聽聞淨化諸業障，看見煩惱障平息，如作禮繞及供養，壽命福德智慧增，專注觀修及修習，兩種成就速獲得，結緣具有真利益，功德不能盡讚頌。」

宗薩寺大殿及僧房依傍山坡而建，佛學院則位於坡下的達馬鄉。

摩托車可騎到海拔約四二五〇公尺的鞍部，嘎莫達倉就位於上方。

管理榮美嘎莫達倉的宗薩寺，同樣位於達馬鄉，海拔約三千六百公尺，參觀寺廟時，殿堂牆壁顏色大多是紅灰黑三色，非常別緻。

宗薩寺官網有一篇題為「勝吾雍湖」的文章，談到勝吾雍措（藏語措即湖的意思）屬於蓮師修行聖地十三虎穴之一榮美嘎莫達倉的一部份。我原本排定要前往朝聖，但因緣不具足，結果沒去成。

步行即將抵達嘎莫達倉時，路旁一排小轉經筒。

一八六六年一月的某日清晨第一世蔣揚欽哲旺波聽到寮房外響起一陣鈴聲，開窗一看，原來是蓮師派的二位空行勇父捎來紙卷，他接下後放入桌上修法用的米盒中，天亮後看到紙卷上標示著伏藏秘語。同年十月十日，第一世蔣揚欽哲旺波、蔣貢洛珠泰耶（即第一世蔣貢康楚仁波切）、秋吉林巴與德格王欽美道比多傑等，連同其他三百多人依據密語所示來到聖地嘎莫當倉。三位大師如同伸手進入水中一般地將手伸入岩山中，為了啟發圍觀者的信心，只取出一半本尊多傑卓洛的法器天鐵金剛杵，次日才又取出另一半。在場的人發出難以置信的驚歎聲，有人感動的流下眼淚，更多人生起對佛法的虔信。

第二天，他們爬上勝格優則山到勝吾雍措，不一會兒勝吾雍措瞬間結冰，讓他們得以順利走在湖面上。湖中有一自然形成的冰洞，秋吉林巴從頂著黃金寶傘的龍王手中接過伏藏寶盒和黃金。欽哲旺波取出一個嘿魯嘎雙身形像的黃金伏藏寶盒，寶盒內有《意修・威猛金剛》和《三根本幻化網》。

蓮師修行洞被圍在小屋內，無宗薩寺堪布批文無法進入；只能從一旁爬上洞頂高處，於山頂繞轉。

學僧一千多人的宗薩五明佛學院，大殿內有尊我嚮往已久的彌勒佛像。緣由之前讀蔣揚確吉羅卓傳記，中共入侵藏東後，他離開康區前往錫金，後於錫金圓寂，由於他生前曾說過有生之年會再回到宗薩寺，因此圓寂時現身在宗薩寺的彌勒佛像懷抱中，宗薩寺許多僧眾都親眼目睹。

我讀到這一段時，心生感動，很想有朝一日能站在那尊彌勒佛像前緬懷。不巧佛像正在維修，從頭到腳全被包覆起來，緣慳一面。

來嘎莫達倉之前我曾去過二處同樣名為達倉的蓮師聖地，一處位於不丹帕羅，即世界聞名的虎穴寺。另一處位於藏印邊界達旺（本屬西藏，現由印度控管）。但也無法確認這兩處達倉是否屬於石碑上記載的十三處達倉之一。

約好一位年輕藏民達娃騎摩托車載我一段，再爬山去榮美嘎莫達倉和

勝吾雍湖，路從鄉間水泥路轉為泥土路，再進樹林間山路，遇陡坡我就下車走路，讓達娃單騎上坡。

騎到鞍部，海拔約四二五〇公尺，看到嘎莫達倉就在小山頭上，從稜線有山路可爬上去。

我們先繼續前騎十多分鐘，抵達深山最後幾戶人家，打聽勝吾雍措位置，牧民熱心指著前方兩座大山之間的鞍部說：爬到那，翻過山，就能遠遠地看到勝吾雍措，但走到湖邊還要很久，一般都排兩天。

達娃沒去過，出發前還告訴我一天可來回榮美嘎莫達倉和勝吾雍湖，這下可好了，完全沒準備，只好放棄勝吾雍湖。

返回鞍部，徒步爬上山頂的嘎莫達倉，目前有八人在此長期閉關，需有宗薩寺堪布彭措的批文才能進入洞內朝聖。昨天參觀宗薩寺時我才得知此規定，臨時想找堪布寫批文，可惜

堪布下山不在寺裡。

　　達娃說他上回來時有位護關老人守在外面小屋，若能找到他，說明我遠道前來朝聖，或許可以進入。結果小屋鎖著，老人不在。

　　無緣進入虎穴，只能爬上虎穴上方山頂，在最高處誦〈蓮師七句祈請文〉繞行，從山頂下來後，再以虎穴為中心，繞轉外圍一大圈朝聖。

最後牧民人家，需先翻過前方山峰右側鞍部，才能遠遠看到勝吾雍措。

德格縣
蓮花水晶巖穴 པདྨ་ཤེལ་ཕུག

二〇一七年六月於青海囊謙縣朝聖扎納神山和嘉瑪寺時，請教寺主第三世貝瑪旺欽仁波切有關康區聖地資料，仁波切推薦了一套厚厚上下兩冊的藏文朝聖書籍，翻閱時看到其中一張照片貝瑪謝布（藏語，意思是蓮花水晶巖穴）似曾相識，返台後，翻找書架，終於找到是祖古烏金仁波切回憶錄《大成就者之歌》書中的插圖。

烏金祖古在書中敘述外曾祖父秋吉林巴被視為極具重要之百伏藏師的最後一位，也被視為伏藏師之王，因為雖然所有重要的伏藏師都發掘出大圓滿口訣部的伏藏法，但只有秋吉林巴傳承了界部的教法，還有幾部伏藏屬於心部。他所發掘的《大圓滿三部》被公認為是伏藏法中最殊勝的，而發掘《大圓滿三部》之地就在「蓮花水晶巖穴」，書中附了張黑白小照片。

兩相對照，「蓮花水晶巖穴」就是藏文朝聖書籍中的「貝瑪謝布」聖地！

我決定前往朝聖，但只知靠近宗薩寺，不知實際如何前往，幸而抵宗薩寺後，請教佛學院學僧，人人皆知，該聖地就位於宗薩寺所在達馬鄉相鄰的普馬鄉，由宗薩寺管理，設有長期閉關房。

宗薩寺稱此蓮師閉關聖地為「貝瑪謝布禪修院聖地」，在一旁立有石碑，註明位於麥宿（地名）的貝瑪謝布，是殊勝的語功德聖地，超越一切藏區聖地，是一切修行處之王，是「成就慧身嘎然多傑，雙運成就西日桑哈，四灌頂法脈四師尊」用神變力踏足的聖地。

遠望蓮花水晶巖穴，陡峻岩壁被綠色草坡和灌木叢包圍，非常突出。

第貳部 大藏區蓮師聖地巡禮

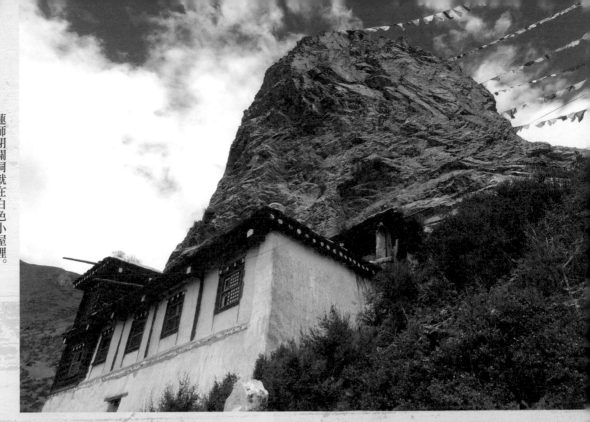

蓮師閉關洞就在白色小屋裡。

蓮師閉關洞內佈置豐盛；四周全是堅硬的石壁。

耶謝措嘉閉關洞靠近岩石頂，洞外建了一小屋
保護。

耶謝措嘉閉關洞內一角。

以蓮師修行洞為中心點，外轉繞一圈不到半小時，一路聖跡無數，出現最多的是岩壁上自顯的各種藏文字，還有一自顯的白色海螺，非常清楚。

順轉爬上蓮師閉關洞上方鞍部，海拔四千五百公尺，一片寬闊草地是空行母跳舞獻供所在，喇嘛說在此進行薈供，勇士空行母旋即自然匯聚。每逢藏曆六月十日蓮師誕辰，此處都會舉辦薈供，附近藏民扶老攜幼共襄盛舉，熱鬧得很。

聖跡還有第一世蔣揚欽哲旺波親筆寫在石頭上的字，因年代久遠淡了，另將內容刻在石版上紀念；蓮師忿怒相多傑卓洛所騎老虎的腳印；蓮師二十五弟子其中一位留下的手印和腳印；格薩爾王坐騎馬的腳印；第一世蔣揚欽哲旺波和蔣貢康楚和秋吉林巴三人一起來這裡時，在石壁上留下的腳印等。

外轉蓮師洞時，喇嘛熱心爬上石壁介紹：
第一世蔣揚欽哲旺波、秋吉林巴和蔣貢康楚三位大師來此時，
在石壁上留下腳印（但無法分辨哪個腳印是哪位大師的）。

朝聖蓮花水晶巖穴時，達娃騎摩托車載我，一小段水泥路後彎入土路，再接到狹窄山路，爬到大草坡空曠處時，遠遠已可看到貝瑪謝布，進入樹林再騎了一小段，路面不平又陡，改徒步，走了約一個半小時抵達，海拔近四千七百公尺。

我正在讀「貝瑪謝布禪修院聖地」石碑上的文字時，一位喇嘛從樓上窗戶探出頭來，招手要我們進入，達娃說他以前來也是這位喇嘛。走進門裡，是個貯藏室，堆滿木柴，上下兩層樓間架了一道用整棵大樹鑿成的木梯，爬到上一層，隔成二小間，一是起居間，一是喇嘛的僧房。

再往上爬一段樹梯，便是蓮師閉關洞入口小門，已建成一間小殿堂，除了地面舖木板，其餘壁面均保留原狀，是凹凸不平的堅硬石壁，洞內空間不小，可容納十多人席地而坐。我邊誦〈蓮師七句祈請文〉邊對著壇城禮拜，隨著額頭咚一聲碰觸冰涼地面，一股熱流從心中湧現，眼睛溼熱……。

喇嘛請我們到起居間喝茶，他叫噶瑪阿旺，已經在此閉關十五年了，達娃指著隔鄰沒有門的小空間，告訴我那是喇嘛不倒單的修行處，我徵詢喇嘛同意後進入，簡易壇城，壁上有小經書架，地面和椅上各有一塊藏式卡墊，上面舖著厚毛毯，木桌上擺放著修法相關法器和經書。才在裡面站

石壁凹陷處即自顯的白海螺。

了一會，就感受到修行的無形力量。

聽到我從台灣來，喇嘛說前陣子有位台灣來的在家人也在此閉關幾個月，藏名叫央金，我問：在家人也能來這裡閉關嗎？喇嘛說可以啊，要先向宗薩寺登記。

閒聊一會，原來喇嘛來自西藏昌都，修習寧瑪派，不是宗薩寺僧人。

喝完茶，喇嘛帶我們轉一圈朝聖，一邊詳細地介紹聖跡。

短暫相處，和喇嘛很投緣，互留微信聯繫。後來喇嘛經常分享我貝瑪謝布薈供、彩虹、雪景等圖片（如下圖）

告辭時，阿旺喇嘛說：哀秋拉嫫，歡迎以後來閉關。

真的有可能來此閉關嗎？我在心中期許自己以那位師姐為榜樣，有為者亦若是！

第三章
青海省

玉樹藏族自治州
乃加瑪神山 གནས་བརྒྱ་མ་གནས་རེ།

　　乃加瑪神山海拔三千六百多公尺，位於囊謙縣香達鎮前麥村，距 G214 國道才一公里，是蓮花生大士在二十五大神山偈頌中，記載象徵語之意的神山，山中有蓮師禪修過三個月的山洞。

　　「乃加瑪」在本地藏語中的意思是百座神山之首領，龐大的岩石山峰矗立在瀾滄江上游扎曲和前曲匯流處，山雖不高，卻獨樹一幟，氣勢巍然。

　　關於乃加瑪神山有許多傳說，其中，蓮花生大士用牛魔腦漿寫下六字真言（六字大明咒）的故事最被廣傳。相傳很久以前，扎曲河畔有一大角牛魔，殘害生靈，蓮師得知後，變身老虎降伏牛魔，為了防止牛魔復活，將牛魔鎮壓在乃加瑪山下，並用牛魔腦漿寫下六字真言嗡嘛尼唄咪吽 ཨོཾ་མ་ཎི་པདྨེ་ཧཱུྃ。如今在歲月侵蝕下，白色的六字真言已褪色變淡。

　　另一種說法，相傳有個法力高強的蛇妖肆虐危害眾生，蓮師來此地後，收伏蛇妖，用蛇妖腦漿在山腳岩壁上寫下六字真言，並在河流對岸神變出八座佛塔（今日已

站在匯流處遠望乃加瑪神山，山雖不高，卻獨樹一幟，氣勢巍然。
白塔林上方岩壁，即蓮師揮寫白色六字真言所在。

從另一面看乃加瑪神山，是座寬廣的山脈，沿傘狀風馬旗左上，越過鞍部略微下坡後，轉山道緊臨河畔，平緩好走。

轉山起點，蓮師大塑像下方堆疊瑪尼石，刻寫六字大明咒和蓮師心咒。

不存在），以此鎮壓蛇妖永遠不能再危害人間，而在蓮師點化下，蛇妖也化作神山護法。

一致的說法是：每過六十年，乃加瑪山神會召集藏區一百位山神來此聚會。藏族相信每逢這時，轉神山一圈相當於轉了一百座神山。

轉乃加瑪神山一圈約需半個多小時，一開始爬升一小段上坡，越過不高的鞍部，略微下坡後，轉山道沿著河畔平緩而行，相當好走。

依據資料記載，神山東面有清晰的虎爪印，是蓮師降魔時所留；東南有馬鞍形狀的巨石，相傳是格薩爾王的拴馬石；西邊石台上有財寶天王的自顯像，還有耶謝措嘉佛母留下的形狀如魚的腳印；北部有蓮花生大士和大鵬金翅鳥的自顯像，還有空行母的法台以及形如長壽寶瓶的巨石等。

可惜我獨自朝聖兩回，途中都沒遇到一個藏民，只有一群牛隨行，也沒看到任何指示牌，以致資料記載的聖跡，

以長鏡頭拍攝崖壁有不少山洞，因天候不佳，未登高查看。

大雨趨緩後，河流湍黃，山壁上修行小屋隱現。

一個也沒找到。而且天候不佳，第一回即將圓滿的最後一段路，還遇到天氣驟變，雷電交加，大雨滂沱，雨具毫無作用，從頭到腳全身溼透。

玉樹藏族自治州
卡拉榮國神山 ཁ་ལ་རོང་སྒོ་གནས་རི།

　　卡拉榮國神山（卡拉是地名，榮過是峽谷之門）位於囊謙縣香達鎮扎曲河東面，距囊謙縣城約二十多公里，海拔四千多公尺，是康區二十五大神山中象徵身功德的神山，共有九峰，統稱為忿怒九尊。主峰頂有蓮花生大士閉關修行洞，山腳有如來八塔（現已不存在），隔著峽谷河流對面是蓮師銅色吉祥宮。

　　伏藏大師秋吉林巴曾自神山中取出蓮師伏藏，也就是著名的《圖珠巴切昆色》（蓮師心要修法——遣除一切障礙者）。

　　依據記載，此神山是嘿嚕嘎（忿怒本尊）之宮，天有吉祥法輪，地有八瓣吉祥蓮花，周圍滿佈吉祥之相，蓮師曾說過此山具有與普巴金剛本尊無二無別的加持力。

　　神山東南有乃加瑪神山，南有閻羅王宮，西南有蓮師銅色吉祥宮，西北黑山為供養和祈福台，北方尖峰為普巴金剛道場，東北山峰狀如金翅鳥，頂峰是蓮師修功德甘露處，石壁中有蓮師像和形似嘎巴拉的石頭，甘露撒下處仍有滴下的痕跡，還有西藏十二大山神護法被降伏的痕跡。此處加持力同西藏著名的蓮師修行地雅隆玻璃岩洞無二無別。

　　卡拉榮國神山位居覺隆尕峽谷的出口屏障，扎曲河從峽谷中流過，一側是噶瑪噶舉卡拉榮國寺，另一側是大橋村阿澤社村落。扎曲河中和岩壁上有許多聖跡，必需對照藏文朝聖小冊才找得到。

右為卡拉榮國神山，隔著峽谷左為蓮花生大士銅色吉祥宮，公路和河流從峽谷中穿過。

卡拉榮國神山九峰位於公路旁；寺廟金頂上方長橢圓凹壁即神山著名標誌「馬耳朵」。其右寬廣山稜岩頂，即蓮師閉關洞所在。

轉神山不久，回看河流對岸山峰有片突兀的土色岩壁，據說是妖魔隱身坐在那裡，被蓮師發現用腳制伏留下的大腳印，後來妖魔變成卡拉榮國護法。

轉神山時是從神山西側靠公路的陡峭山溝往上爬，海拔約三千七百公尺。沿神山北坡爬約一個半小時，上抵立有大型傘狀風馬旗的鞍部，右轉沿稜線登上第一座山頂（卡拉榮國九峰中東側的山峰），往前繞過斷崖，可再西行登上第二座山峰，再往前就是整片陡峻山壁，無路可走。

上爬到鞍部，有座巨大傘狀風馬旗，由此轉走稜線。

　　下山時會經過一座大紅塔和十多間閉關小屋，位置就在神山腳下，紅塔嶄新無比，卻非普通佛塔，塔旁有藏英中文並列的建塔說明，原本紅塔由蓮師為了眾生的平安吉祥於一千三百年前修建，文革期

稜線上堆滿刻寫經文的瑪尼石及石板。

間遭受破壞，直到十七世大寶法王及司徒仁波切開示，在對原遺址未有任何破壞的基礎上，於二○一四年薩嘎月開始重建，一年後圓滿。修建時從頭到尾有眾僧按儀軌如理修持，有百位高僧進行開光，再度成為眾生累積福報資糧的殊勝之處。

　　塔內供奉了無數珍寶，包括迦葉佛舍利、釋伽佛舍利、蓮花生大士的金剛杵及法衣、密勒日巴大師的禪帶，另有七世大寶法王確札嘉措、十世卻英多傑大師和十四世特秋多傑大師的舍利、黑甘露丸等各種聖品，還有空行耶謝措嘉佛母的法衣及甘珠爾、擦擦等殊聖法物。

登上第一座山頂，山腳下景觀盡納眼底。

登上第二座山頂，再往前就是整片陡峻山壁，一洩千里。山腳下建築即卡拉榮國寺。

用長鏡頭拍攝的主峰頂，蓮師修行洞位於左側風馬旗下的陰影處。

新修的蓮師佛塔，內裝眾多殊勝法物；山壁下有許多閉關小屋。

白色小屋右上方為空行母耶謝措嘉修普巴法的山洞。

朝聖
扎記

諾布是我朝聖玉樹州囊謙縣（面積約台灣三分之一，人口只有十多萬）境內所有蓮師聖地的最大恩人。

二〇一七年六月我首次前往囊謙尋找和蓮師有關的彩虹寺及乃加瑪神山，住進囊謙汽車站旁賓館，櫃檯人員是個年輕小伙子，我向他請教囊謙包車行情時，他推薦叔叔就是旅遊車師傅。

就這樣認識了諾布，包車一天前往彩虹寺及乃加瑪神山，一路聊天，發現他見多識廣，而且對囊謙縣各寺廟、佛教聖跡和旅遊景點，瞭如指掌，最重要的是個性誠懇，樂於助人，我只付包車費，他卻同時當我的嚮導及口譯者！

在了解我是虔誠的藏傳佛教徒及朝聖是為了著書與眾生分享後，諾布對我年過六十還能如此發心很敬佩，我們之間建立了深厚友誼。

返回台灣，我陸續找到一些位於囊謙的聖地資料，但只有圖片，不知實際位置，用 WeChat 請教諾布，他不僅知道位於何處，還會主動提供相關訊息。

同年八月我二度前往囊謙，包四天車朝聖蓮師聖地，卡拉榮國神山就是其中之一。為了陪我轉山，他特地向轉過山的僧人朋友借來一本介紹神山的藏文書，一路拿在手中，不時停下對照內容找尋聖跡，再翻譯給我聽。

登上第二座山頂時，發現前無去路。我指著前方主峰頂的蓮師修行洞，問諾布要怎麼過去？如何登頂？諾布翻書找不到說明，幸好山頂有手機訊號，打電話問朋友，答案是從這邊上不了，要從剛上山的半路，直接攀登切上主峰，但不太好爬，很危險。

看我一副躍躍欲試想往回走，去登主峰的神情，諾布慎重其事地表示光看就很危險了，他可不敢爬。

那怎麼辦呢？我一個人不可能去。

坐在海拔四千一百公尺的第二山頭，望向主峰頂，那岩壁看起來是有點嚇人，視線左移，山腳下寺廟房屋宛如火柴盒，估計轉山一圈的路也還長著，看來只能把蓮師修行洞收入心田了～

玉樹藏族自治州
尼瑪龍 ཉི་མ་ལུང་།

　　網路資料記載蓮師入藏弘法事業，其中有一項是「蓮師與彩虹寺及乃加瑪山」，傳說蓮師弘法經過玉樹州囊謙縣吉曲鄉（和西藏昌都地區相鄰），在彩虹寺留下了手印腳印。

　　實際朝聖後，發現有誤。彩虹寺是意譯，藏名叫嘉瑪寺，因位在嘉瑪村而得名。寺廟的建立係因舊寺（扎納神山下的扎納寺）年代久遠逐漸崩塌，於是在附近的嘉瑪村蓋了新寺。新寺怎可能有蓮師留下的印跡？

　　正確說法是：舊寺扎納寺背倚扎納神山，神山在靠近山頂處有個當地人稱「尼瑪隆」（尼瑪指太陽，隆指地方）的蓮師聖地，蓮花生大士和耶謝措嘉佛母曾在那裡的兩個山洞閉關修行，並在洞內留下腳印、手印。

　　嘉瑪寺位於吉曲鄉吉曲河畔，一側就是遠近聞名的「嘉瑪瑪尼」。據說當年文成公主入藏，經過吉曲鄉，紮營小住，修了一座佛塔，稱為「公主佛塔」。建塔時，吉曲河對岸有個石刻藝人送給公主三塊瑪尼刻石，一時，觀世音菩薩從天界放光，匯成紅虹照在刻石上，公主金言叫它「紅虹六字刻石」，藏語即「嘉瑪瑪尼」。後來三塊刻石化成三道光團，一光團為天界佛業升空，一光團為龍界佛業滲入清泉，一光團為人間佛業普照大地。人間那塊刻石就是嘉瑪瑪尼堆的基礎，後來人們持續堆疊各式瑪尼石，形成今日鉅大規模。當地人都說嘉瑪瑪尼具有很大的加持力，經常有藏民遠道而來繞轉。

嘉瑪寺與扎納神山，蓮師和佛母閉關洞即位於神山背後靠近山頂處。

嘉瑪寺旁的嘉瑪瑪尼堆，規模廣大，加持力遠近馳名。

第三世貝瑪旺欽仁波切設立的佛學院，與嘉瑪寺相距約兩公里。

尼瑪隆蓮師聖地一帶的地形大多是岩壁。

蓮師閉關修行洞位於小紅木屋內。

目前寺廟住持為第三世貝瑪旺欽仁波切，他的前一世在文革時於牢獄中圓寂。由於扎納寺最早就有位喇嘛白瑪曲久仁波切根據大伏藏師秋吉林巴的指示去了印度，跟隨頂果欽哲仁波切修行，並在印度弘法數十年。

後來喇嘛仁波切請頂果欽哲仁波切認證了第三世貝瑪旺欽仁波切，一九八三年喇嘛仁波切返回藏區，在扎納寺為第三世主持坐床典禮，並送往印度學習，先後在頂果欽哲仁波切、烏金祖古、夏扎法王、薩迦法王、敦珠法王等偉大上師跟前受教，直到二〇〇四年返回扎納寺，二〇〇七年新修嘉瑪寺，隔年成立佛學院，目前有僧眾一百多位。

嘉瑪瑪尼堆中古老的蓮師畫像。

從囊謙縣城出發往吉曲鄉，途中一再翻越海拔四千多公尺的大山。抵達嘉瑪寺，一位長駐寺中的漢族師姐熱心為我引見貝瑪旺欽仁波切，仁波切和藹可親，得知我想朝聖蓮師聖地後，先確認我爬山沒問題，立即找了位阿卡（藏東對僧人的稱呼），依他們以前帶漢族弟子朝聖經驗，上山至少要三小時，當天我肯定來不及返回縣城了。但我原本不知有機會朝聖神山，只包車一天，諾布隔天有事，商量後，他先返回，當晚我住寺廟，隔天自行設法搭便車到乃加瑪山（位於公路旁不遠），轉山朝聖後打電話給他，他另請朋友前往載我返回縣城。

帶路的阿卡，今年三十四歲，個性活潑，稱我為「阿媽喇」。我們先騎摩托車到山腳，然後徒步，上山路跡不清楚，若沒人帶路肯定迷路。

雨勢時大時小，途中需橫越幾次險峻陡斜的大岩壁，第一回遇到時，我脫口而出：「咦，沒路了！」阿卡笑了笑，用手勢比劃要越過橫亙在眼前的陡斜岩壁，大概看我面現難色，隨即說：「阿媽喇，不用擔心，跟著我走就行！」他用溫暖有力的大手拉住我，我隨著他小心翼翼移動腳步，望一眼斷崖下方，心中加緊持誦〈蓮師心咒〉。

岩面溼滑，連我穿登山鞋還無法踩穩，多次腳底滑動，剎那心跳加速，心想萬一滑倒滾下斷崖，不知阿卡能不能拉住我？還是會被我連累一起滾下？

若真如此，唯一堪慰這兒是蓮師聖地，藏區俗諺「能在朝聖的路上死亡，也是一種福報」，那就安住於此吧！

走一小時多抵達了海拔四千三百公尺的尼瑪隆，阿卡對我豎起大拇指比讚，連老天爺也似乎為我們歡慶，雨停了，陽光乍現。

進入蓮師修行洞小屋，本來洞中以木柱架高建了法台以安放蓮師塑像，因連日下雨，洞壁滴水，蓮師塑像外移，

|上
因洞壁滴水外移的
蓮師塑像，尊前有
張頂果欽哲仁波切
法照。

|左
耶謝措嘉佛母修行
洞，外形如密輪。

|右
耶謝措嘉佛母留在
洞壁上的手印。

擋住了入口，無法進入朝聖蓮師印跡。

　　向蓮師三叩禮時，不知為何，眼淚成串直流，和阿卡席地而坐，持誦〈蓮師七句祈請文〉及〈蓮師心咒〉許久。

　　之後前往隱藏在附近山坡草叢裡的耶謝措嘉修行洞，洞非常小，外形如

密輪，我在洞內靜坐片刻，感覺特別殊勝。當我將手掌撫觸佛母留下的深手印，彷彿聽到佛母拜見蓮師時在尊前的發願：希望將來經常都能投生在尸陀林、無人荒野、深山岩洞中，一輩子作禪修，以徹底究竟～

清晨從嘉瑪寺屋頂眺望神山，陽光乍現，前一日雨中朝聖神山的經歷恍如隔世。

玉樹藏族自治州
獅子宗 ཤེང་གི་ཙོང༌།

　　獅子宗聖地海拔四千三百公尺，位於囊謙縣覺拉鄉，從玉樹縣城往南走 G214 國道，進囊謙縣境內，過覺隆尕峽三號隧道後，左側為卡拉榮國神山，往右叉路標示往覺拉鄉三十九公里，一路沿扎曲河右側行駛，路況時好時差，近一小時才抵覺拉鄉，海拔約三千八百公尺。

　　鄉內最大的寺廟是覺拉寺，以前叫覺讓寺，是青海現存最大的巴絨噶舉派寺院，由巴絨噶舉派名僧隆熱帳巴堅創建於十四世紀中葉。

　　獅子宗聖地就位於覺拉寺前方扎曲河對岸，需先過橋，從後山沿之形土路上坡，約半小時抵土路終點，下車再徒步往上爬約十分鐘，便抵達紅色拉康，諾布說拉康是覺拉寺的閉關中心，之前他來過二次，都有僧人在裡面閉關，大門緊鎖不讓人進入。

　　這回很幸運，有位喇嘛站在敞開的大門口，諾布問能不能進去參觀蓮師自顯像？這聖跡諾布聽聞已久，但一直沒機會親睹。喇嘛點點頭，引我們穿過庭院，進到最裡側供奉著蓮師塑像的殿堂，蓮師自顯像就位在左上方靠近屋頂角落的壁面，是近幾十年來才出現的，而且每年逐漸往外凸顯，非常神奇。不過實在太小了，距離又遠，我用長鏡頭拉近影像，還是看不太清楚。最後，喇嘛主動拿了我的相機和諾布的手機，沿著長木梯爬上牆就近拍攝。

紅色拉康後面是一大片草坡，掛滿風馬旗，不遠處有數座崢嶸岩壁突起於綠色草地之上，那就是獅子宗聖地，遠遠望過去就像一頭蹲伏的獅子。左側最高的一座岩壁上有間白色小屋，昔日蓮師閉關修行洞入口就深藏在小屋中。

　　從草坡往上爬時，兩旁石壁上還有許多大修行者留下的腳印；蓮師腳印則位於白色小屋外側的石壁上。

站在覺拉鄉望向扎曲河對岸的獅子宗聖地（位於山峰背面靠近山頂處）

扎曲河靠覺拉寺的一側，河畔有一奇特岩峰延伸入水中，下方黝黑的洞穴名為「日月窟」，傳說蓮師曾在洞內閉關。

下車後需徒步一小段，懸崖之上的紅色拉康即閉關中心。

蓮師自顯像位於閉關中心內小殿堂的壁面，也就是圖中央白色亮光處。

從古至今大修行者留下的腳印。

逐年往外凸顯的蓮師自顯像。

蓮花生大士的腳印。

獅子宗聖地像一頭蹲伏的獅子；蓮師修行洞位於白色小屋裡。

玉樹藏族自治州
讓扎宗壘峰 རང་རྫོང་།

　　讓扎宗聖地（台灣出版的《大成就者之歌》一書稱壘峰）海拔近四千四百公尺，位於囊謙縣西南一百五十公里的吉尼賽鄉，歷史上稱為「讓扎宗國林」（意為神山王），當地人簡稱「讓扎宗」。因蓮師和佛母到過此地修行及給予加持，很多金剛上師心咒自然出現在峭壁表面，因此又有「蓮師神山」之美名。

　　古代，讓扎宗本是苯教的禪修地，許多修行者在這裡獲得成就，後來苯教沒落，佛教興盛，這塊聖地轉變為佛教聖地。

　　雖然也有人稱此地為宗國寺，但其實並不符合寺廟條件，因為這裡只有護法殿等小殿堂，而此聖地鮮為人知的原因也是因為這兒只是長期閉關處，古今很多隱世的大修行者都在此閉關過，可以說是一處實修者的閉關聖地。

　　此聖地由相距約半個多小時車程的拉恰寺管理，拉恰寺是巴絨噶舉傳承的寺廟，距今已有三百八十年歷史，由烏金祖古（詠給明就仁波切的父親）的根本上師桑滇嘉措大師創建，再由烏金祖古接續完成全部的內外建築和必需設施，所以這座寺院也是烏金祖古的祖寺。

　　烏金祖古的祖母是大伏藏師秋吉林巴唯一的女兒，因此烏金祖古家族基本傳承是巴絨嘎舉，但同時也傳承秋吉林巴新伏藏法的寧瑪派修持（即秋吉林巴發掘出的四十部教法），成為雙傳承。

遠遠地，疊峰（左側高峰）現身了，景觀壯麗，右下角，山路迂迴，繞行許久，終於抵達入口（即上圖左側高峰的背面）。為吉曲河。

車道終點，最後小段需徒步，沿石階上山，壁崖間散佈著小閉關房。

秋吉林巴尊者曾介紹此神山：神山東邊有甬宗神山，南邊有瑟加神山，西邊有達那神山，北邊有金江神山，中間是宗國神山王。

噶瑪恰美仁波切也介紹此聖地是勝樂金剛和金剛亥母加持過的地方，後面山上有勝樂金剛和金剛亥母的壇城。神山上的石頭有五種顏色代表五方佛。

讓扎宗有許多珍貴靈塔，最古老的一座是蓮師於八世紀建造的「見解脫塔」，在《大伏藏師秋吉林巴傳記》中描述：「這塔是印度殊勝成就者之王蓮花生大士建造，並由大伏藏師秋吉林巴做祈賜加持儀式……。」這座歷史悠久的塔具有很高的歷史價值和考古價值。

第二座珍貴靈塔是安放第一世薩迦法王薩千貢嘎寧波（一○九二～一一五八）大師遺骸的靈塔。十二世紀初期，創建讓扎宗閉關修行處的成就者嘎嘍擦瓦是大師的弟子，當大師圓寂時，嘎嘍擦瓦飛入空中，將大師部份遺骸帶回康區，興建靈塔保護，成為讓扎宗最大的一座靈塔。由於塔四周空曠未受遮擋，通常從遠方看到矗立在讓扎宗之上的唯一標地物就是它。

讓扎宗外圍有代表觀世音菩薩、金剛手菩薩和文殊菩薩的三怙主聖山。峭壁上有自然顯現的金剛上師心咒，有六字大明咒，有蓮師的閉關山洞，有成就者留下的腳印、手印，有自然顯現的忿怒蓮師像和綠度母像等聖跡。

小佛殿內保存了許多珍貴聖物，包括大成就者日巴袞嘎已六百年不腐的肉身；大成就者倉薩拉松虹化前閉關修行所待的古老木箱；白螺子的石腳印等。

中間土褐色的佛塔係蓮師親建的見解脫塔。其它白塔是桑顛嘉措和其弟、祖古烏金和其父等的靈塔。

爬上外圍山坡頂，曇峰聖地盡納眼底。草地上那座被紅欄杆圍著的大白塔即薩迦法王一世靈塔。

蓮師閉關修行洞位在陡壁上，新增設了繩梯，方便朝聖者上下。

繩梯頂便是蓮師閉關修行洞，高、寬但不深。

蓮師修行洞一側山壁有自顯的六字大明咒，就在諾布手掌的位置。

石頭上自顯的度母像。

山谷對面山壁有許多自顯佛像，左為蓮師，最右為忿怒蓮師多傑卓洛。

圓滿朝聖疊峰下山，前行往另一聖地時，回看疊峰（右側）和吉曲河，兩岩峰之間即著名的然察大峽谷。

二〇一六年讀完祖古烏金仁波切回憶錄《大成就者之歌》後，就對書封面疊峰念茲在茲，在那之前雖已行走大藏區十年了，但還沒去過疊峰所在的囊謙縣（面積約台灣三分之一大）。

搜索網路及請教認識的青海人，都沒人知道「疊峰」位在何處，後來意外在網站讀到一篇介紹宗國寺的文章，附圖就是疊峰，原來當地叫宗國寺和讓扎宗。（朝聖後請教拉恰寺孥加仁波切，他也不知為何台灣出版的書會譯成疊峰二字。）

這幾年尋找聖地，對資料名稱與當地稱呼相異的情形我早見怪不怪，習以為常，無論叫什麼，都不過是假名安立，只要最終能找到就行了。

時為八月雨季，出發前，諾布依其經驗提醒我要有心理準備，宗國寺海拔很高，抵達之前有段之字型的陡坡土路，萬一下雨泥濘，車子可能上不去，只能靠步行。我問要走多久？他說大約兩三小時，我笑笑：沒問題！

車過吉尼賽鄉後，路況果真愈來愈差，天空陰沈，偶而下小雨，車行還算順利。遠遠地，疊峰現身了，這一帶分佈著大小不一的岩峰，每一座都造型獨特，讓扎宗就位於左側最高岩峰下的平台，右下方可以看到穿行然察大峽谷流出來的吉曲河，景觀壯麗。

看似近在眼前，土路卻沿著山腰繞行許久才抵達標示往宗國寺的叉路口，往上不久有個小停車場，下車通過可伸手從裡打開的鐵柵門（後聽寺方說是為了防止熊進入），沿階梯往上，幾個拐彎後，眼前豁然開朗。

爬上外圍山坡頂，讓扎宗聖地盡納眼底，呵，實在找不到任何言語或文字來形容眼前引人入勝的景緻，諸佛菩薩想必也在同聲讚歎，天空陰霾消失了，雲朵柔軟飄浮，陽光輕輕灑落。

要前往朝聖峭壁上的蓮師閉關修

行洞時，經過僧寮，一位喇嘛站在門口，招呼我們喝酥油茶，喝完出來，看到山坡上有位師姐在用電腦，聊了幾句，原來我甫於網路上找到的幾篇有關宗國寺和拉恰寺的資料，全是她整理上傳的，真巧！

繼續聊下去，發現這位師姐本身就是一篇傳奇故事！雲南人，四十多歲，藏名噶瑪德吉巴姆，二〇〇九年皈依大寶法王，二〇一六年讀了《大成就者之歌》，迫切想來朝聖，但根本不知道疊峰明確位置，到了囊謙，和包車師傅開著車到處找到處問，最後終於找到。二〇一七年初又去拜見大寶法王，把照片呈獻給法王，法王很歡喜，她問：「我想到這裡閉關可以嗎？」法王回答可以。返家後她把手邊諸事處理完善，帶著簡單行李就來了。

當時她完全不認識任何一位喇嘛，她告訴他們：「是大寶法王上師說我可以來這裡閉關的。」喇嘛們非常友善，找了間空屋讓她住下，日常用品她自己聯繫包車師傅每隔一陣子送上山。

因為心臟不好，她在讓扎宗已有幾次差點斷氣的遭遇，親友知道後都勸她返回城市，但她對蓮師對上師充滿信心，不改初衷，持續做四加行，已進行到第九回了，真令人隨喜讚歎。

日前開始幫忙寺廟仁波切架設網站及微博，整理相關資料上傳。因為管轄這兒的拉恰寺已破舊不堪必需重建，但缺乏建設經費，她認為只有讓更多人知道蓮師神山的殊勝及寺廟的偉大傳承，才可能募集到足夠的護持金。

在師姐及喇嘛陪同下，我們朝聖了蓮師修行洞及四周外圍的聖跡，也進入幾間殿堂參觀寺廟保存的眾多珍寶。

來時飄雨，抵達時放晴，快圓滿朝聖時天空又開始飄雨，我和諾布趕在雨勢轉大前，帶著歡喜心離開。

海東藏族自治州
丹斗雪扎 དན་ཏིག་ཤེལ་བྲག

丹斗雪扎（雪扎意思是玻璃洞、水晶洞）位於海東州化隆回族自治縣金源鄉的丹斗山谷，海拔近三千公尺，山谷兩旁都是高聳的絕壁，地質特殊，形成大小不一的天然洞穴，傳說八世紀時，蓮師與耶謝措嘉曾在此閉關修行。

更早之前有關丹斗山的記載來自拉薩版《大藏經》，佛陀前世曾是葉波國的太子須達那，從小喜好佈施，不分親疏，有求必應，連敵國派人來索取鎮國之寶大白象，他也慷慨相贈，後被依國法驅逐流放到六千里之外的檀特山，十二年內不准回國。

檀特山就是今日的丹斗山，太子在此居住修行了十二年。

九世紀時，西藏佛教遭逢第二次禁佛運動，史稱「朗達瑪滅佛」，最後一位贊普國王朗達瑪（八三八～八四二年在位）滅佛，對佛教打擊嚴重，三位高僧（史稱三賢者）帶著大量經書法本逃至青海山區避難，在荒僻的岩洞修行，最後長住丹斗山谷。附近村莊一位藏族少年慕名而來，出家為僧，法名貢巴饒賽，精進學習後，通曉佛法義理，遠近馳名，被人們尊稱為「喇欽」（大師的意思），後來大家都叫他「喇欽貢巴饒賽」。

十世紀時，喇欽貢巴饒賽在當地藏族村落頭人幫助下，於丹斗山谷壁崖岩洞建寺修塔，弘揚佛教。後來，衛藏十弟子特地遠道前來求法，學成後返回西藏弘揚佛教，佛教再度復興，史上把此後的佛教傳播稱為後弘期，而丹斗寺也成為西藏佛教後弘期的主要發祥地，佔有重要地位。

冬季草木枯黃，山巒露出地貌本色，上山公路似羊腸，盤繞群峰間。

快抵丹斗雪扎前，山谷對面岩層裸露，宛如一排佛像靜默相迎。

一進丹斗山谷，第一棟建築即龍王殿。（龍在藏語稱魯，泛指生存在地下的各種神靈，不同於漢地所稱的龍）

今日的丹斗寺屬格魯派，是民和縣才旦寺的子寺，全寺近八十位出家僧，僧寮分散在谷中平緩處。各式佛殿除了大經堂建在谷中平緩處，其餘大多依附懸崖峭壁上的天然岩洞興建，也就是正殿相當於洞窟的大門，殿裡就是洞窟，有些寬闊的洞窟中還有小窟，相當獨特。

雖然化隆縣居民以回族為主，但最東部的山谷裡全都是藏族村落，丹斗寺所在位置距離北側的下科巴村只有八公里，距離南側的黃河僅十五公里，無論從哪一方向前來，都需一再翻越大山才能到達。也因為如此，丹斗寺才能成為藏傳佛教後宏期的發祥地。

朝聖者大都從北側的化隆縣城巴燕鎮出發，經大倉鄉、初麻鄉、金源鄉，一路翻越四座高山，上鞍部，下山谷，沿途都是藏族小村莊。早期公路只到山

龍王殿洞壁上有許多風化剝落的古代岩畫，圖案引人入勝。

腳海拔二千三百公尺的下科巴村，然後改騎摩托車或徒步八公里爬上海拔三千公尺的寺廟。幾年前修建了簡易公路，現已可開車直達。

寺院附近有眾多自然顯現的聖跡，包括彌勒佛、二十一度母、十一面觀世音、十六羅漢、修行鼓、八吉祥相、四大天王等，還有三世達賴喇嘛的説法台和腳跡。

紅色建築為太子殿，因釋迦牟尼前世須達那太子曾在此居住而得名。

右為五部文殊菩薩殿；左為大成就殿。大成就殿因三世達賴喇嘛曾在此閉關，又稱三世達賴修行殿。

| 上
太子殿內即蓮師閉關修行洞所在，崖壁上有
自顯的大威德金剛等。

| 右
阿子達殿：有位叫阿子達的比丘曾在此洞長年
苦修，活了近五百歲；另依《多康二十五聖地
誌》記載，此洞即耶謝措嘉佛母閉關秘洞。

| 左
岩壁上有座巨大的天然石柱，上有自顯的彌
勒佛。

最初看到青海省蓮師修行聖地「丹斗雪扎」照片，不知詳細位置，傳照片請教一位西寧藏籍導遊，他說那是化隆回族自治縣的一座格魯派寺廟，漢語叫丹斗寺，也叫旦斗寺、丹笛寺、旦兜寺等（不同時期不同人漢譯之故）。

二〇一七年八月中旬，我從西寧搭大巴前往化隆巴燕鎮，全車幾乎都是戴白帽或圍頭巾的男女回民，旁邊坐了位老人，分不清族別，直到他拿出唸珠持咒，肯定是藏族了，我問：「會說普通話嗎？」他笑一笑，沒回應，我改說拉薩話他仍搖頭，秀出丹斗寺照片問他知道嗎？他笑著點頭，但我再問如何去？他又搖頭，只指著照片說：「你，去？」看到我點頭，他搖手：「女的，不能去。」問他為什麼？還是雞同鴨講無法溝通。

這可奇怪了，行走藏區十多年，除了護法殿，從沒聽過女性不能進入寺廟的說法。

原本打算大巴一下車就要包小車前往，被老人這一說，只得先設法弄清狀況，以免白跑一趟。

但四周都是回民，上哪兒找藏民問呢？東張西望好一會，瞄到遠方十字路口有個藏紅身影在等紅燈，我用跑百米速度衝向他請教，他回答他從外地來，不清楚，不過剛分手的朋友是當地人，可以幫我問，說完立刻朝馬路對面大喊，把一位藏族老者叫回來，聽阿卡轉述問題後，老者立刻打電話幫我確認。原來是農曆六月十五到八月初一結夏安居期間，為避免干擾僧人修行，寺廟管委會通告各族婦女一律不允許進入寺廟。

知道我遠從台灣而來，卻無法前往寺廟朝聖，老者為我感到婉惜，主動表示下回若我還要再來，可以先連繫他，他和丹斗寺很熟，老家就在山腳，因為幫忙照顧孫子才搬來縣城住。

留下他電話，就此和周塔結緣。（問過他為何只有漢名沒有藏名？他

的回答語焉不詳，好像和文革有關）

二〇一八年三月中旬我抵達西寧，打電話給周塔，約好我搭大巴抵化隆巴燕鎮時間，本想見面後請他陪我找妥包車師傅就行，沒想到他親自開車來，要陪我上山，雖然他解釋順道回老家看望親戚，仍讓我感動得說不出話來。我真是何德何能，朝聖時總能遇到貴人相助。

或許，這種福報來自我和藏族之間不可思議的累世因緣！

從巴燕鎮到下科巴村約六十多公里，一路聊天，雖然他說的普通話我大半要用猜的，還是聊得很盡興。問到年齡，他大我一歲，於是我改稱他周大哥。

從下科巴村到丹斗寺只有八公里，海拔爬升卻將近七百公尺，中間連續翻越大山，一路大多是之形陡坡，以前只能騎摩托車或靠步行走這段艱辛路。

進入丹斗山谷，兩側都是高聳的堅硬岩壁，是千萬年前造山運動的鬼斧神工，塑造出無數神祕的洞窟，岩壁表層深淺不一的蝕痕，變化多端，只要運用一點想像力就可以塑造出各種故事圖案。

將車停在寺廟建築區大門外，周大哥說朝聖寺廟一圈的轉山道位在山谷北側半山腰，我們沿著轉山道往東走，最後繞下山谷，經過大經堂、白塔及丹斗學校，再度爬上南坡，沿山腰轉山道往西，終點是寺廟建築外大門一旁的三世達賴喇嘛說法台，正好圓滿一個大圓。

中途請到一本藏文《旦斗聖跡》，附有簡略漢文介紹，我翻閱了一下，發現往海拔更高的深山裡走約十五公里，還有另一聖地名叫「央斗宗」，若再爬一段艱難的路便可抵「央斗聖山」，那裡也有蓮花生大士的閉關修行洞，在長壽寶瓶山下還有蓮師的腳印和蓮師降伏妖魔的痕跡，此外還有蓮師石法冠、蓮師金剛鈴杵等眾多聖跡。

呵，敬愛的蓮師，您曾蒞臨及加持過的聖地，真是數不勝數啊！

如果我不在家，
就是在朝聖的路上

二〇一一年過世的蘋果 CEO 賈伯斯生前學過禪法，有次演講關於人生點滴如何串連在一起的經歷。他強調：「你無法預先把點點滴滴串連起來，只有在未來回顧時，你才會明白那些點點滴滴是如何串在一起的。所以，你得相信，眼前你經歷的種種，將來多少會連結在一起。你得信任某個東西，直覺也好，命運也好，生命也好，或者業力。這種作法從來沒讓我失望，我的人生因此變得完全不同。」

是的，我在追尋蓮師大藏區聖地時，抱持的也是同樣的信念。

我對蓮師、對今世上師全然信任，遇到挫折與違緣時，雖然有時也會生起負面情緒，但通常能自我察覺，隨即改以向依怙三寶、向蓮師、向上師祈請。而一路上的瑣瑣碎碎，點點滴滴，到後來逐一拼圖成功，顯現出它們交互零碎出現的作用和意義，往往也帶來遠超過我想像及預期的收穫。

嚴格而言，我們並不需要尋求外在的蓮師聖地，只要在心中憶念蓮師，生起虔誠的信心，當下，蓮師就同我們在一起，我們所在的地方就是聖地！

只是我這個凡夫，偏愛揹著行囊親自去到遠方朝聖蓮師聖地的過程，「輕囊致遠，淨心行久」是我獨行不變的原則，每當揹著背包穿過喧譁城市，和芸芸眾生擦身

而過，或是搭大巴、火車移動，窗外風景快速向後時，都會浮現如夢似幻的覺受，身體變得輕靈渺小，空白透明……。

而抵達聖地，在蓮師閉關修行洞內禮拜時，淚水總倏然而下，宛如蓮師就在眼前，慈愛地對我微笑。穿越時空感受、學習蓮師的智慧與慈悲，每每忍不住用手撫觸洞壁，在蓮師踩踏過的地面緩慢踱步，在沁涼的空氣中呼吸蓮師的氣息，呼喚摯愛的蓮師，祈請賜予加持。嗡啊吽，班雜咕嚕貝瑪悉地吽～

走出修行洞，離開聖地，世事無常虛妄，唯有佛法真實不虛。

每一趟走過，對自己的傳承法脈更增信心。也漸漸體會：諸佛菩薩不會只端坐在壇城上，不會只端坐在寺廟大殿裡，往往就在世間每一角落，隨時化身為陌生人甚或蟲魚鳥獸來到眼前，以各種境況示現，只要用心，就能在每一瞬間，每一當下，印證佛法的奧妙。

返回繁華城市，我經常會想起那些放下俗世一切、在刻苦環境中精進閉關的修行者，無限欽佩讚歎，而上師的開示也會清楚浮現：「大圓滿實修者如果要一身成就佛果，關鍵要點就在於內心要有四種託付——心託付在法，法託付在乞丐，乞丐託付在荒野，荒野託付在死亡。」

二〇一六年是非常殊勝的一年，這一年是六十年才值一遇的蓮師本命年火猴年，我陸續完成了許多和蓮師有關的重要聖地的朝聖，從大藏區到尼泊爾、不丹、錫金等，而且還陸續收集到許多原本不知道的蓮師聖地資料。這一切想必都是來自蓮師的加持！

也在某個瞬間，突然意識到：二〇一六年也是我的本命年啊！我生肖屬猴，出生於一九五六年，原來那年正是藏曆火猴年！當下欣喜於此特殊的因緣。

回首這幾年來幫助過我、成就我完成本書的有緣人，許多我連他們名字都不知道，在此要特別感謝他們，還有支持我的家人，願將撰寫聖地的所有功德迴向給他們每一個人；也願眾生都能脫離輪迴，離苦得樂～

（本書版稅護持貝瑪貴菩提昌盛寺）

朝聖交通指南

看過本書，您可能想要前往其中某聖地朝聖，那麼，該如何前往呢？

由於本書定位並非旅遊導覽書；也由於大多數聖地都沒有明確的交通方式（連我自己前後幾回朝聖同一聖地，交通方式也會有差異）；再加上大藏區狀況變化快速，很可能今日提供的資訊，過不久就全變了。因此，在此只提出一些大原則略供參考。

西藏自治區

由於台灣人無法在西藏自治區內自由行，需先辦理「台胞入藏批准函」等相關證件才能進入，並需依規定聘請導遊及租車（含司機），所以，想朝聖不用太傷腦筋，只要列出想去的聖地名稱，提供給旅行社代辦就行了（也就是說，相對能自由行的四川、青海和雲南省而言，朝聖西藏聖地的花費比較高）。

至於旅行社的選擇，可以自行接洽專辦西藏旅遊的台灣旅行社，也可上網搜索，例如非營利的自助旅行網站「背包客棧」https://www.backpackers.com.tw，其中的西藏論壇版面，很多網友以個人經驗推薦口碑不錯的旅行社。

青海省

首先抵達青海省西寧市（海拔近二千三百公尺），最好住宿一晚，讓身體自行適應。位於西寧火車站東側的長途汽車站，每日有各型公共巴士開往各自治州境內的不同縣市鄉鎮，抵達離聖地最近的鄉鎮後，再以拼車方式或單獨包車方式前往聖地。

以玉樹藏族自治州為例，從西寧市到玉樹縣城約八百多公里，每日運行數班大巴，雖有高速公路，但師傅為省過路費，大多仍走省道舊路，行車時間超過十三小時，途中會停車用餐及休息；也可搭乘傍晚發車的班次，隔日清晨抵達玉樹，下車處即有小車師傅招攬拼車前往囊謙縣城。（欲往各聖地，可於玉樹或囊謙包車）

四川省甘孜藏族自治州

　　首先抵達四川省成都市，於新南門汽車站（又名成都旅遊客運中心，位於成都市新南路二號），搭往甘孜的班車，途中會於康定住宿一晚，隔日抵達甘孜縣城。

　　於武侯祠橫街和洗面橋橫街所組成的十字街區一帶（俗稱藏族一條街），每日也有拼車前往甘孜州各地，搭乘以藏民為主，通常一早出發，當天即可抵甘孜縣城。

　　由於甘孜縣城海拔近三千四百公尺，比較不建議一天就從海拔五百公尺的成都直達甘孜，最好先在海拔二千五百多公尺的康定住宿一晚，讓身體逐漸適應，比較不會發生嚴重的高原反應。

　　抵達甘孜縣城後，前往各縣的客運車班次非常少，一般都選擇搭乘私人小車，師傅（大陸對司機的稱呼）大多會於客運站附近的十字路口吆喝拉客，人滿（依車型大小，四～七人不等）即發車。車錢固定，和當地人付相同即可。有時師傅看到外地來的人，會遊說單獨包車，雖然省時方便，但費用也高很多（可砍價），各人自行斟酌。

　　前往丹巴縣，於甘孜和康定均有班車前往，若是從成都出發前往丹巴，需於茶店子汽車站（位於成都市西三環路五段二八九號）搭車。

　　新南門汽車站與茶店子汽車站均有地鐵抵達，交通方便。

　　因為不確定因素眾多，朝聖過程或許困難重重，但也正因為這樣，當你克服萬難，成功抵達聖地並圓滿朝聖後，那種發自心靈深處的滿足和法喜，難以形容，會讓你上癮，一而再，再而三，不斷地走在拜訪蓮師修行聖地的路上。

　　關鍵處：唯有信心！唯有祈請！最後別忘迴向！

104 台北市中山區民生東路二段 141 號 5 樓

城邦文化事業股分有限公司

橡樹林出版事業部　收

請沿虛線剪下對折裝訂寄回，謝謝！

橡 樹 林

書名：蓮師在西藏：大藏區蓮師聖地巡禮　書號：JK0002

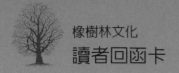

橡樹林文化

讀者回函卡

感謝您對橡樹林出版社之支持，請將您的建議提供給我們參考與改進；請別忘了給我們一些鼓勵，我們會更加努力，出版好書與您結緣。

姓名：＿＿＿＿＿＿＿＿＿＿＿ □女 □男 生日：西元＿＿＿＿＿年

Email：＿＿＿＿＿＿＿＿＿＿＿＿＿＿＿＿＿＿＿＿＿＿

● 您從何處知道此書？

□書店 □書訊 □書評 □報紙 □廣播 □網路 □廣告 DM □親友介紹

□橡樹林電子報 □其他＿＿＿＿＿＿＿＿

● 您以何種方式購買本書？

□誠品書店 □誠品網路書店 □金石堂書店 □金石堂網路書店

□博客來網路書店 □其他＿＿＿＿＿＿＿

● 您希望我們未來出版哪一種主題的書？（可複選）

□佛法生活應用 □教理 □實修法門介紹 □大師開示 □大師傳記

□佛教圖解百科 □其他＿＿＿＿＿＿＿＿

● 您對本書的建議：

＿＿＿＿＿＿＿＿＿＿＿＿＿＿＿＿＿＿＿＿＿＿＿＿＿＿＿＿＿＿

＿＿＿＿＿＿＿＿＿＿＿＿＿＿＿＿＿＿＿＿＿＿＿＿＿＿＿＿＿＿

＿＿＿＿＿＿＿＿＿＿＿＿＿＿＿＿＿＿＿＿＿＿＿＿＿＿＿＿＿＿

＿＿＿＿＿＿＿＿＿＿＿＿＿＿＿＿＿＿＿＿＿＿＿＿＿＿＿＿＿＿

處理佛書
的 方 式

佛書內含佛陀的法教，能令我們免於投生惡道，並且為
我們指出解脫之道。因此，我們應當對佛書恭敬，不將
它放置於地上、座位或是走道上，也不應跨過。搬運佛
書時，要妥善地包好、保護好。放置佛書時，應放在乾
淨的高處，與其他一般的物品區分開來。

若是需要處理掉不用的佛書，就必須小心謹慎地將它們
燒掉，而不是丟棄在垃圾堆當中。焚燒佛書前，最好先
唸一段祈願文或是咒語，例如唵（OM）、啊（AH）、
吽（HUNG），然後觀想被焚燒的佛書中的文字融入「啊」
字，接著「啊」字融入你自身，之後才開始焚燒。

這些處理方式也同樣適用於佛教藝術品，以及其他宗教
教法的文字記錄與藝術品。

ཡི་གེ་ཉི་ཤུ་རྩ་བྲུག་པ་འདི་དཔེ་ཆའི་ནང་དུ་བཞག་ན་དཔེ་ཆ་དེ་ཅི་འདྲར་
བགོམས་ཀྱང་ཉེས་པ་མི་འབྱུང་བར་འཇམ་དཔལ་རྡོ་རྗེ་ཉིད་ལས་གསུངས་སོ།། །།

此咒置經書中　可滅誤跨之罪

朝聖系列　JK0002

蓮師在西藏：大藏區蓮師聖地巡禮

作　　者／邱常梵
責任編輯／丁品方
業　　務／顏宏紋

總　編　輯／張嘉芳
出　　版／橡樹林文化
　　　　　城邦文化事業股份有限公司
　　　　　104台北市民生東路二段141號5樓
　　　　　電話：(02)2500-7696　傳眞：(02)2500-1951
發　　行／英屬蓋曼群島商家庭傳媒股份有限公司城邦分公司
　　　　　104台北市中山區民生東路二段141號2樓
　　　　　客服務專線：(02)25007718；25001991
　　　　　24小時傳眞專線：(02)25001990；25001991
　　　　　服務時間：週一至週五上午09:30～12:00；下午13:30～17:00
　　　　　劃撥帳號：19863813　戶名：書虫股份有限公司
　　　　　讀者服務信箱：service@readingclub.com.tw
香港發行所／城邦（香港）出版集團有限公司
　　　　　香港灣仔駱克道193號東超商業中心1樓
　　　　　電話：(852)25086231　傳眞：(852)25789337
　　　　　Email: hkcite@biznetvigator.com
馬新發行所／城邦（馬新）出版集團【Cité (M) Sdn.Bhd. (458372 U)】
　　　　　41, Jalan Radin Anum, Bandar Baru Sri Petaling,
　　　　　57000 Kuala Lumpur, Malaysia.
　　　　　電話：(603) 90578822　傳眞：(603) 90576622
　　　　　Email：cite@cite.com.my

美術設計／兩棵酸梅
印　　刷／韋懋實業有限公司

初版一刷／2018年12月
初版二刷／2021年1月
ISBN／978-986-5613-85-3
定價／700元

城邦讀書花園
www.cite.com.tw

國家圖書館出版品預行編目（CIP）資料

蓮師在西藏：大藏區蓮師聖地巡禮／邱常梵著. --
初版. -- 臺北市：橡樹林文化，城邦文化出版：家庭
傳媒城邦分公司發行, 2018.12
　面；　　公分. --（朝聖：JK0002）
ISBN 978-986-5613-85-3（平裝）

1.朝聖　2.佛教修持　3.西藏自治區

224.9　　　　　　　　　　　　　　107018361